Los hijos de Pu

Colección Autores Españoles
e Hispanoamericanos

Álvaro de Laiglesia
Los hijos de Pu

Relatos

Planeta

Diseño colección, sobrecubierta y foto de Hans Romberg (realización de Jordi Royo)

Primera edición: octubre de 1979
Segunda edición: octubre de 1979
Tercera edición: octubre de 1979
Cuarta edición: noviembre de 1979
Quinta edición: enero de 1980
Sexta edición: febrero de 1980
Séptima edición: septiembre de 1980

Depósito legal: B. 28.178-1980

ISBN 84-320-5393-7

Printed in Spain - Impreso en España

GRAFSON, S. A., Luis Millet, 69. Esplugas de Llobregat (Barcelona)

PROLOGO

Condición indispensable para escribir como un verdadero escritor, o sea bien, es haber sufrido. Esto opinan todos los críticos y algunos autores. El sufrimiento es, por lo visto y leído, un ingrediente fundamental para dar a las obras esas dos dimensiones opuestas pero igualmente importantes: altura y profundidad.

Del mismo modo que la gente se pregunta:

—¿Qué tendrá que ver la gimnasia con la magnesia?

Puede preguntarse en este caso:

—¿Qué relación puede existir entre la literatura y el dolor?

Y hará bien en preguntárselo, pues también me lo pregunto yo y no acabo de atinar con la respuesta. Pero aunque tanto a la gente como a mí este misterio nos resulte inexplicable, tanto los críticos como determinados autores mantienen este punto de vista insólito: sin sufrir, un escritor no es alto ni profundo sino chato y superficial.

Tratando de encontrar justificaciones a tan asombrosa afirmación, pienso que quizá se base en el hecho de que todos los escritores del pasado, por el hecho de haber pretendido vivir de un instrumento tan poco rentable como es la pluma, sufrieron siempre de lo lindo. Se cree por eso que sus obras fueron geniales debido a sus sufrimientos, cuando es muy posible que fuera realmente todo lo contrario: que sus privaciones y miserias coartaron su inspiración, impidiéndoles dar toda la medida de su genialidad. Porque a mí me parece que nadie trabaja bien cuando sufre por tener el estómago vacío, o porque le aprieta un zapato, o porque Fulanita le acaba de dar unas calabazas fenomenales. O sea que las obras escritas bajo la presión de estos dolores, tienen más probabilidades de ser bodrios que geniales.

Pero me parece difícil que esta opinión mía prevalezca sobre la de tantas generaciones de eruditos, y habrá que aceptar la peregrina teoría de que no se puede escribir bien sin haber vivido mal.

Es mi deber por lo tanto prevenir al lector de que a mí no se me puede incluir dentro de ese topicazo tan generalizado, y no porque considere que escribo mal sino porque debo confesar bastante avergonzado que he tenido la suerte –buena o mala según se mire– de sufrir poquísimo. Desde niño, puedo decir sin exageración ni inmodestia, que las cosas se me pusieron a huevo. Aunque a muchos les fastidie, tuve una infancia feliz con afecto familiar y sin privaciones económicas, que me permitió crecer sano, fuerte y bien nutrido. Así llegué a la adolescencia siendo un chico carrilludo, regordete y sin complejos de ninguna especie.

Confieso también que a los quince años empecé, no sólo a escribir, sino a publicar todo lo que escribía. No tuve que hacer largas antesalas a la puerta de los directores de periódicos para que me admitieran los primeros artículos. No tuve que vivir en pensiones sórdidas en espera de cobrar mis primeras colaboraciones. No tuve que mendigar, ni pasar frío a la puerta de los cafés calentitos en los que escribían los consagrados.

Como además de publicar mis escritos me los pagaban, pude vivir de la pluma desde tempranísima edad. Desconozco por lo tanto lo que es la lucha del novel para abrirse camino en el mundo de la prensa y de las editoriales, puesto que siendo aún adolescente ya recorría esos caminos como sobre ruedas.

Dios me concedió además una salud estupenda, con la cual la alegría de publicar nunca se vio empañada por ningún sufrimiento físico que afectara seriamente mi nivel de felicidad.

En el campo sentimental ·fui igualmente afortunado, y puedo decir que fui correspondido por todas las mujeres que amé. (Confieso que tuve también la suerte de no enamorarme jamás de ninguna mujer inasequible, que no quisiera o no pudiese corresponderme.)

Si a todos estos elementos vitales positivos, añadimos una permanentemente favorable acogida a mis libros por parte de los lectores, llegaremos a la conclusión de que la vida fue generosa conmigo y no me proporcionó frecuentes ocasiones de sufrir.

Quizá por esto produzco, o al menos trato de producir, una literatura risueña, cosquilleante y simpática. Quizá por esto, sin darme cuenta, escribí siempre alegremente y sin preocuparme de ser trascendental.

Quizá por esto, por todo esto, me detenga en este punto de mi camino y examine cuidadosamente lo que hice hasta ahora. Y al examinarlo me avergüenzo un poco de haber tenido tanta suerte, de haber sido tan feliz, de haber escrito tan alegre y despreocupadamente.

Es posible que los críticos tengan razón, que el parto literario tenga que ser doloroso para que sea enjundioso. Es posible que pueda ser una impertinencia escribir con tanta facilidad, tomando la literatura a pitorreo, publicando libros y más libros con títulos detonantes y sorprendentes, que sólo pretenden –nada más y nada menos– divertir a los lectores.

Es posible que deba pedir perdón por mi excesiva frivolidad, por mi excesivo bienestar. Es posible que deba sufrir para que mis obras empiecen a ser más profundas, que deba escribir como si fuera un deber doloroso y no un placer delicioso.

Admitidas estas posibilidades, se me planteó un problema de difícil solución: ¿cómo podría arreglármelas para reunir una dosis suficiente de sufrimiento, si la vida se empeña en suministrarme satisfacciones constantes? ¿Qué puede hacer para sufrir un tipo como yo, chambón y pistonudo, al que todo le sale bien, que vive macanudamente lleno de salud, de dinero y de amor?

Tardé en encontrar respuesta a estas preguntas, pero no quise empezar este nuevo libro sin haberla encontrado. Si de veras el sufrimiento mejora la calidad del escritor, bien podía sacrificarme y sufrir un poco para dar a mi obra más altura y profundidad. Pero ante la imposibilidad de sufrir con carácter retroactivo, tuve que conformarme con buscar sistemas de urgencia que me proporcionaran la dosis necesaria de dolor.

A los críticos más exigentes les advierto que escribí este libro sufriendo horrores. Antes de escribir cada frase, o me atizaba un pellizco en una mejilla, o me daba un coscorrón en la cabeza. A veces, incluso, llegué a pincharme con un alfiler en una nalga. También me propiné sonoras bofetadas y fuertes pisotones, que me producían vivísimos dolores. Usaba igualmente el puñetazo, aunque sin abusar, ya que más de una vez lo usé con excesiva fuerza y perdí el conocimiento. Con lo cual no podía escribir, y se perdía el efecto que buscaba con el castigo corporal.

No contento con estas formas de sufrir considerándolas insuficientes, pedí prestado un cilicio gordo y punzante a un amiguete muy religioso. Con este cilicio en la muñeca de mi mano derecha, apretado hasta el punto de que al más leve movimiento se me hincaban sus púas en la carne, cada línea que escribía me hacía ver las estrellas. Y al terminar cada párrafo, como punto final, me arañaba un poco las narices.

Hematomas y costras iban cubriendo mi cuerpo a medida que avanzaba la redacción de este volumen, el más doloroso de los paridos por cualquier escritor.

Flagelado y lacerado, magullado y sangrante, acabé este libro en la Casa de Socorro donde se me apreciaron lesiones de pronóstico reservado.

Si después de tantos y tan intensos padecimientos no he logrado mejorar la calidad de mi prosa, si después de tamaños dolores los críticos no me ascienden a la categoría de escritor que ha sufrido mucho, pensaré con razón que la famosa teoría del sufrimiento, es un puro cuento. Y volveré a escribir mis próximos libros como escribí los pasados, sin lacerarme, sin flagelarme y sin magullarme. Lo más que haré será ponerme una chincheta en el asiento, porque un pinchazo en el culo siempre ayuda a mantener despabilado al escritor mientras escribe.

Juzgue usted mismo, lector que ya conocerá alguno de mis libros anteriores, si éste es más profundo y trascendental por haber sido escrito con dolor. La verdad es que su opinión es la única que me importa. Porque yo escribo para miles de lectores como usted, y no sólo para media docena de eruditos que se consideran exquisitos.

Primera parte

Cuentos bastante chinos

LOS HIJOS DE PU

EL TIRANO PU-CHI-LING, aunque parezca mentira e incluso
suene raro, no perteneció a la dinastía Ming. Y parecerá
mentira e incluso sonará raro porque siendo esta dinastía
la única que aquí nos suena y conocemos un poco, lo lógico es que yo eligiera para escribir este relato un tirano
que se entreveró entre los emperadores de la serie Ming.
Pues no. Porque Pu-Chi-Ling era más antiguo aún, y vivió
en la época correspondiente a la dinastía Dong; que como
todo el mundo sabe fue la primera de todas las dinastías.
   Todo el mundo sabe también, y si no lo sabe debería
saberlo, que las dinastías chinas fueron tantas como las
notas musicales. O sea: Dong, Reng, Ming, Fang, Song,
Lang y Sing. La Dong, por ser la primera, es también la
más remota y menos conocida.
   Pero de Pu-Chi-Ling se acuerdan todos los historiadores, ya que su dictadura fue una de las más largas y sona-
das de la antigüedad. Tan larga fue que le dio tiempo de
dejar a sus hijos perfectamente criados. Tan perfectamente criados que el primogénito había alcanzado en el ejército el grado de general, y el benjamín estaba preparando
oposiciones para ingresar en la judicatura. Entre estos dos
había un tercero de mediana edad, que había estudiado

la carrera de medicina y que se llamaba Ma-Ra-Ñong. Todos, en fin, estaban situados. No en balde el dictador llegó a vivir noventa años, de los cuales más de sesenta estuvo en el Poder.

La longitud de las dictaduras está en razón directa de la cobardía de los pueblos. O sea que a más cobardía, más longitud. Los pueblos valientes se sacuden en seguida a los dictadores, a base de organizar levantamientos más o menos sangrientos. Pero el pueblo chino de entonces, bastante menos numeroso que el de ahora pues andaba por los diez milloncejos escasos, era más bien cobardica, impotente, y no se levantaba.

Nadie recuerda cómo llegó Pu-Chi-Ling a la Casa Amarilla, residencia del Jefe del Estado. Y nadie lo recuerda porque como fue una figura política que se encajó entre los primeros emperadores de la dinastía Dong, los historiadores no se habían inventado todavía. Fue el propio Pu-Chi-Ling quien los inventó, para satisfacer su tremenda vanidad de dictador. De manera que en el primer libro de Historia que se escribió, y en su primera página, figuraba su nombre como el de un personaje que ya estaba allí. Y allí estuvo hasta que se le acabó la vida por las buenas, porque no hubo nadie capaz de quitársela por las malas cuando aún le quedaban muchas cabronadas por hacer.

Aparte de cabronadas, que las hizo a porrillo y bien gordas por cierto, este dictador inició la obra más grandiosa de la arquitectura mundial. Sólo por este motivo se le debería recordar con verdadera veneración, y deberían perdonársele todos los pecadillos e incluso los genocidios que cometió durante su dilatada tiranía.

Porque Pu-Chi-Ling fue el personaje histórico que puso la primera piedra para la construcción de la Gran Muralla china. La verdad es que después de esta primera piedra, ya no puso ninguna más. Pero ése es un detalle que carece de importancia, porque no hace falta ninguna imaginación ni ningún talento creador para superponer todas las piedras necesarias hasta completar los miles de kilómetros que tiene aproximadamente la Gran Muralla. Eso está al alcance de cualquier maestro de obras. Lo genial es concebir esta obra grandiosa, imaginarla en todos sus detalles, y poner la primera piedra. Repetir millones de veces este gesto con otros tantos millones de piedras, no tiene al fin y al cabo ningún mérito.

Aparte de la Gran Muralla, que sin lugar a dudas se debe al genio de este personaje, hay otras muchas cosas en cuyo invento también participó. Entre ellas el famoso suplicio chino, que bajo su dictadura empezó a aplicarse a todos los presos en general y a los políticos en particular.

El suplicio chino puede enorgullecerse de ser la más refinada de todas las torturas orientales, capaz de arrancar confesiones fantásticas al más inocente de los detenidos. El suplicio chino, del que la raza amarilla puede sentirse orgullosa, consiste en un conjunto muy sofisticado de torturas, capaces de arrancar inenarrables gritos de dolor. Sólo una civilización tan avanzada como la conseguida por la China de entonces, pudo lograr un refinamiento tan alto, un retorcimiento tan sublime, en el arte de torturar.

(Desde Pu-Chi-Ling hasta nuestros días el suplicio chino ha ido decayendo y simplificándose, quedando reducido a sus formas más elementales: patadas en los cojones, culatazos en la tripa, directos a la mandíbula... ¡Qué tosquedad reveladora de una carencia absoluta de imaginación! ¡Qué vergonzosa regresión al salvajismo primitivo! En los ya remotos tiempos de Pu-Chi-Ling, la tortura llegó a gozar de tanto predicamento como si de una de las bellas artes se tratara. Según parece el predicamento era tan grande que, para conseguir una plaza de Torturador Oficial, había que estudiar una carrera que duraba siete años, y en la que se aprendían entre otras muchas materias las siguientes: «Psicología del sufrimiento», «Arte de prolongar el dolor», «Acupuntura al revés» [o sea zonas donde hay que pinchar, no para calmar el sufrimiento, sino para producirlo], «Antianestésicos» [o sea productos que no adormecen las sensaciones dolorosas sino que las despabilan], «Métodos para clavar puñales en distintos puntos del cuerpo sin que el apuñalado pierda el conocimiento», etcétera, etcétera. No era fácil, como puede leerse, alcanzar el doctorado en suplicio chino.)

Otra de las conquistas que logró el régimen de Pu-Chi-Ling, también llamado puchilinguismo, fue transformar el derecho de pernada en derecho de pichada. Porque el derecho de pernada, como su nombre indica, autorizaba al señor feudal a introducir una pierna entre los muslos de sus vasallos.

Este derecho, tan antiguo que su origen se perdía en la noche de los tiempos, apenas se ejercitaba porque a nadie le divertía. Es posible que en su forma original, ya olvidada por la gente, se aplicara de un modo más interesante, pues no llega a captarse qué diversión o beneficio podían obtener los señores feudales metiendo una pierna en semejante lugar. Es posible también que al transmitirse esta tradición de padres a hijos, fuese desvirtuándose el derecho primitivo hasta caer en ese estúpido empleo de la pierna. Porque la verdad es que, por mucho que se aburrieran los señores feudales en sus castillos, no parece probable que se divirtieran mucho más practicando el absurdo jueguecito de la pernada.

–Bueno, y ahora ¿qué? –se preguntarían los señores al llegar el momento de tener la pierna aprisionada entre los muslos del vasallo. Lo mismo se preguntaría el vasallo que, por muy ignorante que fuese, no ignoraría lo ridículo que resultaba en semejante posición.

Fue Pu-Chi-Ling, mediante un decreto que se transformó automáticamente en ley como todos los suyos, el que dio nuevo sentido a ese derecho al transformar la vaga pernada en concreta pichada. Porque es evidente que todo señor, por muy feudal que sea, lo pasa mucho mejor introduciendo entre los muslos de un vasallo la picha, en lugar de la pierna.

Este renovado derecho de pichada, que tuvo excelente acogida por parte de todo el señorío de la época, dejaba en libertad al señor feudal la elección del sexo de los muslos entre los cuales le estaba permitido introducirse. Y aunque la mayoría optaba por elegir la muslada de una vasalla, no faltaba tampoco el que prefería los muslitos de un efebo. De este modo, aquel derecho que con el tiempo se había convertido en una solemne gilipollez, volvió a recobrar el encanto que quizá tuvo desde sus mismísimos orígenes.

Con lo expuesto hay sobradas razones para considerar esta larga dictadura de la dinastía Dong como altamente positiva. Pero hay otras muchas razones no expuestas aquí que tampoco son moco de pavo, y que también contribuyeron a la mayor gloria de aquel grandísimo dictador. Una de estas razones fue la construcción durante el puchilinguismo de algunas «viviendas protegidas», llamadas así porque a los adjudicatarios, todos ellos amigos de Pu-Chi-Ling, había que protegerles con fuerte escolta policial contra las iras del populacho.

Otra conquista del régimen digna de tenerse en cuenta fue la construcción de lagos artificiales, destinados a ampliar la superficie destinada a las plantaciones de arroz, que ya entonces constituían el condumio básico del pueblo chino. Y el trasvase del pequeño río Es-Cu-Ping al caudaloso Ta-Jo, para formar una corriente única que desde entonces se llama Es-Cu-Ping-Ta-Jo.

Tan larga y fructífera fue la dictadura de Pu-Chi-Ling, que a nadie se le había ocurrido pensar que algún día moriría. Porque a todo aquel que se le ocurrió pensarlo, se le metió en la cárcel bajo la acusación de ser enemigo del régimen. En los regímenes totalitarios no se puede pensar en la muerte del dictador, porque el hecho de pensarla se interpreta siempre como desearla.

No obstante, pese a que sus partidarios le consideraban inmortal, resultó que no lo era. Y ante la consternación de casi todo el pueblo (en el «casi» estaban esos rojillos que dan color a la salsa popular), en la flor de la edad, cuando apenas acababa de cumplir los noventa años, Pu-Chi-Ling estiró la honorable pata.

Y la gente se quedó estupefacta, paralizada por el acontecimiento insólito, muda de espanto y sin saber cómo reaccionar. Porque al contrario que los dictadores actuales, que tienen la precaución de dejar las cosas atadas y bien atadas (aunque luego se respeten poco esas ataduras), Pu-Chi-Ling lo dejó todo suelto. No pensó en la sucesión, porque pensaba que nadie le sucedería jamás. Es lo que les pasa a la mayoría de los dictadores: empiezan por creerse hombres providenciales, y acaban creyéndose eternos.

Cuando murió Pu-Chi-Ling, en el instante preciso de su muerte, un relámpago cegador seguido de un trueno horrísono, hizo estremecerse a toda la población civil. Fue realmente una chiripa que aquella tormenta coincidiera con el óbito del personaje, pero vaya usted a explicarle al pueblo, crédulo y supersticioso, que no fue un milagro.

Vaya usted a explicarle que aquella tormenta chiripuda no fue en realidad una explosión de dolor de toda la bóveda celeste, seguida del llanto de toda la corte celestial en forma de chaparrón.

Calmados los elementos, subsistió el estupor y el desconcierto de todos los chinos. ¿Qué va a pasar ahora? Ésta era la pregunta que se hacía la población civil y también la militar, pregunta que nadie sabía responder. Porque en una monarquía, por ejemplo, se sabe que cuando muere el rey pasa a ocupar el trono ese príncipe heredero que siempre se tiene en reserva. Y aquí no ha pasado nada. Lo mismo en una república: a presidente muerto, presidente puesto. Pero ¿quién puñetas sabe lo que se debe hacer cuando muere un dictador? Estos personajes en general son seres excepcionales, o por lo menos eso creen ellos, de muy difícil sustitución. Sólo muy de tarde en tarde, afortunadamente para los pueblos, la Historia produce una de estas figuras irrepetibles. Estas figuras suelen crear unos regímenes a su imagen y semejanza, que cuando ellas faltan no pueden sostenerse. Son regímenes de Juan Palomo, yo me lo guiso y yo me lo como. De manera que cuando falta el cocinero, a ver quién es el guapo que decide lo que se hace en la cocina.

De momento, en el deceso de Pu-Chi-Ling, las honras fúnebres que se organizaron sirvieron de entretenimiento al pueblo y permitieron aplazar las decisiones. Pero en cuanto las honras fúnebres se acabaron, pues por fastuosas que sean unas honras fúnebres no pueden durar eternamente, hubo que pensar lo que se hacía.

–Lo mejor será –decidieron los ministros que en vida de Pu-Chi-Ling nunca habían decidido nada– que hereden el mando de la nación los hijos de Pu. Si el país fuera una monarquía, el mando pasaría al hijo primogénito. Como es una dictadura, proponemos que el mando se divida por igual entre todos los hijos que produjo el dictador. Es lógico suponer que entre todos reunirán, por herencia, todas las virtudes de su progenitor

Pero también esta vez la decisión de los ministros fue rechazada por el Gran Chambelán que había nombrado Pu-Chi-Ling, y que por inercia aún conservaba el cargo.

—No estoy de acuerdo —razonó el Gran Chambelán, que se llamaba Gi-Li-Po y que debía de serlo por haber aceptado aquel puesto de tanto relumbrón—. Se puede heredar la Jefatura del Estado cuando el Estado es monárquico, pero no se puede entregar esta herencia arbitrariamente a los hijos de un dictador. En las monarquías estas formas hereditarias están previstas y reglamentadas para que la transferencia del Poder se haga naturalmente y sin ningún trauma. Pero nuestro llorado Pu-Chi-Ling, como estaba convencido de su inmortalidad, no pensó en legalizar su situación proclamándose emperador, que bien pudo hacerlo cuando hacía lo que le daba la gana sin que nadie osara contradecirle. Si lo hubiera hecho, hoy sus hijos tendrían acceso al trono y nosotros no tendríamos este quebradero de cabeza con la sucesión. Pero la ley no autoriza que los hijos de un dictador hereden su dictadura. Este tipo de régimen se considera excepcional y transitorio, aunque no sé por qué puesto que es bastante frecuente y suele durar mucho más que un reinado. Pero así son las cosas, y ninguno de nosotros tiene prestigio ni autoridad suficientes para cambiarlas. De manera que descartemos la posibilidad de implantar una dictadura hereditaria, aunque yo bien sé lo mucho que eso les gustaría a los hijos de Pu. Pero debemos buscar a esta situación una salida natural y lógica. Lo que suele hacerse cuando mueren los dictadores, es recobrar las libertades que ellos abolieron y resucitar los partidos políticos que ellos disolvieron.

–¿Y quién se acuerda ya de lo que ocurría en China antes de Pu-Chi-Ling? –le dijeron a Gi-Li-Po–. Si hubo libertades, ya nadie recuerda en qué consistían. Si hubo partidos políticos, lo más probable es que todos sus líderes hayan muerto. ¡Han pasado tantos años desde entonces!...

Y dijo Gi-Li-Po, demostrando que no lo era tanto:

–El ansia de libertad es tan fuerte en el hombre, que se puede silenciar pero nunca destruir. Tampoco las ideologías desaparecen aunque mueran sus líderes, porque siguen ardiendo en la clandestinidad como un fuego sagrado. Anunciemos que con motivo de la muerte del dictador se concede una amnistía general a todos los delitos políticos, y veremos salir de la clandestinidad a los partidos como conejos de sus madrigueras.

Se siguieron las sugerencias del Gran Chambelán, y todo fue saliendo como él había sugerido: el anuncio de la amnistía fue aceptado con júbilo por todo el país, y los viejos partidos salieron de la clandestinidad con líderes nuevos y jovencitos. Daba gusto verles tan ufanos y desafiantes, tan valientes y jactanciosos, ahora que el peligro había pasado y que el gran enemigo había muerto. Daba un poco de risa oírles fanfarronear sobre sus pretendidas hazañas realizadas en la clandestinidad, cuando lo cierto es que nadie les había visto el pelo ni habían dado señales de vida cuando vivía el dictador. Pero se les toleraron las fanfarronadas porque era la única forma de disimular su pasada cobardía. Y se consintió que se enzarzaran en discusiones bizantinas para fijar qué partido era mejor que el otro, qué líderes los más audaces y qué ideologías las más puras.

Los líderes principales, que fueron tomando posiciones puesto que movían a las masas más nutridas, eran cuatro. A saber: Ad-Ol-Fing, Ma-No-Long, Fe-Li-Peng y San-Tia-Gong. Los dos primeros representaban la tendencia conservadora, o sea los que pretendían conservar las migajas heredadas del puchilinguismo, y los dos últimos acaudillaban la tendencia progresista, que pretendía hacer progresar al país a base de ponerlo todo patas arriba.

Gi-Li-Po se frotaba las manos satisfecho, y nadie comprendía su satisfacción.

—¿Pero cómo puede alegrarle al honorable Gran Chambelán el tristísimo panorama de la China actual? —le decían—. Desde que falleció el irrepetible Pu-Chi-Ling, la situación ha ido deteriorándose en todos los terrenos. Se ha perdido el respeto a la venerable anciana, en la calle a las señoras les roban las bolsas de arroz por el procedimiento del «Ti-Rong», de noche hay que cerrar con llave las puertas de las casas, se roban a mansalva carrozas y sillas de mano, nadie hace reverencias para saludar ni pronuncia frases floridas, los vasallos se burlan de los mandarines, las mandarinas se descocan y muestran en público los tobillos... ¿Cómo puede satisfacerle al Gran Chambelán este panorama cada vez más degradante?

Y el Gran Chambelán, que se llamaba Gi-Li-Po pero que no lo era en absoluto, contestó:

—Es difícil encontrar la libertad completamente pura, después de haber vivido un largo período de contaminación y corrupción. De manera que ésas son algunas de las impurezas que debemos tragarnos al beber los primeros sorbos de libertad. Estos primeros sorbos tienen un sabor muy dulce, pero muy fuerte también, y a este sabor tendremos que habituarnos poco a poco. Estamos, pues, en una etapa de rodaje, y todavía rodamos a trompicones hasta que encontremos el ritmo de nuestra marcha. Cierto que los partidos conservadores recuerdan demasiado al régimen anterior. Cierto que Ad-Ol-Fing fue Chambelán en tiempos de Pu, y cierto también que Ma-No-Long tiene casi el mismo temperamento dictatorial que el anciano dictador. Certísimo igualmente que muchos nostálgicos del antiguo régimen acusan a Ad-Ol-Fing de haber traicionado al puchilinguismo, puesto que procede de las filas puchilinguistas y ocupó altos cargos en los últimos gobiernos de Pu-Chi-Ling. Nadie niega todo eso. Pero también es verdad que sin la presunta traición de Ad-Ol-Fing, no habría sido posible la transición. Porque los cauces legales dejados por el puchilinguismo para la sucesión, sólo permitían el acceso al poder a los puchilinguistas. De modo que para lograr la evolución del país, había que fingirse puchilinguista hasta alcanzar el Poder, y una vez alcanzado abrir la cerrada ideología antigua a las frescas corrientes renovadoras. Que fue lo que astutamente hizo Ad-Ol-Fing, ganándose el aplauso de las fuerzas progresistas y la acusación de traidor por parte del viejo y caducado puchilinguismo. Si yo fuera poeta, le dedicaría a Ad-Ol-Fing una oda que dijera esto, poco más o menos:

»"¡Oh tú, honorable y nuevo Gran Chambelán, al que muchos nostálgicos del antiguo régimen califican injustamente de traidor! Yo sé que en el fondo sigues siendo leal a tu maestro Pu-Chi-Ling, y que sufres lo indecible teniendo que ocultar tu lealtad por el bien del pueblo. Porque tú sabías que con el ideario puchilinguista no íbamos a ninguna parte. En vista de lo cual, escondiste el blusón purpúreo que fue siempre el uniforme de los leales a Pu-Chi-Ling; y ocultando el agudo dolor que esta decisión te producía, fingiste que eras más demócrata que Ca-Rra-Cú (famoso precursor de la democracia, que murió empalado por orden del emperador Ma-Ri-Cong). Para que tu fingimiento fuera completo organizaste el país en forma democrática, legalizando los partidos de Ma-No-Long, de Fe-Li-Peng y de San-Tia-Gong. ¡Cuánto debiste sufrir al tener que ocultar tu viejo blusón purpúreo, que luciste con orgullo en tantas ocasiones ya pasadas y recordadas por los que te denigran! Pero la Historia, que será en definitiva la que te juzgue con objetividad, tendrá que agradecerte tu presunta y provechosa traición, gracias a la cual el país no se ha convertido en una merienda de chinos."

Éstas fueron las sapientísimas palabras de Gi-Li-Po, al que el nuevo régimen agradeció los servicios prestados enviándole al Cuerno, como embajador.

Y el país entró de lleno en el juego democrático. Que era en cierto modo un jugar a las cuatro esquinas entre los líderes Ad-Ol-Fing, Ma-No-Long, Fe-Li-Peng y San-Tia-Gong. Con este juego político, se evitó que el país cayera en manos de los hijos de Pu. Aunque ellos, dolidos al verse postergados, fundaron su propio partido: Pu-Ñe-Ta.

UNIDA Y DECENTE

DA GUSTO VER a esta familia ejemplar que hoy, como todos los días, se ha reunido en el comedor a las dos en punto. El almuerzo familiar es un rito inviolable, que demuestra unión y decencia. Las familias se descomponen cuando rompen las costumbres tradicionales. Y no hay tradición tan hermosa como esta de reunirse a comer en el hogar entrañable y sólido. Una familia que come unida, jamás será dividida.

Petra, como todos los días también, entra en el comedor con la sopera humeante. La sopa es otro rito que una familia decente no debe romper. La sopera al empezar una comida es como la pila del agua bendita al entrar en una iglesia: un líquido simbólico y purificador que aglutina a sus consumidores.

Petra, la fiel sirvienta que completa este cuadro familiar, personaje indispensable en el reparto de papeles de la función hogareña, hace con la sopera el mismo recorrido alrededor de la mesa que todos los días:

Sirve primero a doña Aurelia, que ocupa una de las cabeceras en la mesa rectangular. Doña Aurelia es una señora que tiene cincuenta años y no los disimula. Es demasiado seria y demasiado señora para engañar a nadie.

Una madre de familia como ella, no pierde el tiempo en frivolidades ni acicalamientos. Se arregla, eso sí, pero sin teñirse las canas ni enjalbegarse la fachada para ocultar las erosiones del tiempo. Jabón y agua clara son los únicos productos de belleza que ella emplea para adecentar su cutis de señora decentísima, que ya cumplió su misión de crear un hogar y sigue cumpliendo la tarea de mantenerlo y dirigirlo. Limpia, digna y vestida con tanta sencillez como sobriedad, doña Aurelia es el prototipo de la mujer española, burguesa y cristiana. Incluso es bajita y regordeta, características que contribuyen a que el prototipo sea más perfecto todavía.

Petra sirve después a don Gregorio, que ocupa la cabecera correspondiente al cabeza de familia. Esta cabecera es quizá la más importante, por lo que aún tiene la sociedad española de patriarcado. Patriarcado que en esta familia queda más acentuado, ya que don Gregorio tiene el empaque físico de un auténtico patriarca: alto, membrudo, pálido y ascético, con una frondosa barba que dentro de algunos años merecerá el calificativo de venerable, y una pequeña calva en la coronilla que casualmente se asemeja a una tonsura sacerdotal. Casualmente también el aspecto de don Gregorio concuerda con su profesión, pues el aire patriarcal con el aditamento de la tonsura cuadran a las mil maravillas con el propietario de una librería religiosa. Negocio que lleva su pureza incorporada al nombre, pues la librería se llama «La Azucena». Don Gregorio, en el fondo de su corazón y de su estómago, es muy poco sopero. Pero para dar ejemplo, se sirve siempre un cucharón rezumante. Y no toleraría que la sopa ritual desapareciese del menú.

A continuación Petra sirve a Leonor, que se sienta a la derecha de su padre. Leonor tiene, además de veintidós años, un novio formal con el que va a casarse en cuanto él acabe la carrera. Carrera que lleva muy adelantada, sin un solo suspenso, clara demostración de la formalidad del joven. Le faltan dos años todavía para acabarla, pero no importa. Los noviazgos de las señoritas decentes son siempre largos, porque sus matrimonios son para toda la vida. Y bien pueden esperarse unos cuantos años cuando se trata de dar un paso tan definitivo: la fundación de un hogar indestructible, como manda el sacramento matrimonial. En la espera, Leonor trabaja como secretaria en una empresa que produce bebidas refrescantes, sin alcohol naturalmente, ya que ella es una chica seria y abstemia. Es además muy guapa, pero toma ejemplo de su madre y no realza su belleza pintarrajeándose. Sería pecado provocar a los hombres en general, cuando ella tiene ya el suyo particular; un novio formalísimo con el que saldrá todas las tardes, de siete a diez menos cuarto, hasta que él obtenga su título de ingeniero y se puedan casar como Dios manda.

Y por último, Petra sirve a Jaime. Es el hijo menor de doña Aurelia y don Gregorio, un joven universitario de diecinueve años. Un chico estudioso que ha iniciado Derecho por vocación, y no porque sea la carrera más fácil y la que eligen los jóvenes indecisos sin ideas demasiado claras sobre su porvenir. Jaime, con los años y la constancia en sus estudios, llegará a ser notario o registrador de la propiedad. Da gusto verle tan limpio, tan afeitado, con su chaqueta y su corbata, en contraste con tanto jovenzuelo sucio y melenudo como anda por ahí. Jaime, sin ninguna duda, ha heredado la formalidad de su padre y la sobriedad de su madre. También tiene algo del severo perfil paterno y un principio de la calva redonda en forma de tonsura que luce el patriarca.

Cuando Petra termina su recorrido alrededor de la mesa con la sopera humeante, suena el timbre de la puerta principal.

–¿Quién puede ser a estas horas? –pregunta doña Aurelia, mientras la sirvienta abandona el comedor para atender a la llamada.

–El que sea –sentencia don Gregorio–, es un inoportuno. Las horas de comer son sagradas y todo el mundo debería respetarlas.

Hay un silencio respetuoso con la hora y el rito de la comida familiar. En el comedor se oye únicamente el ruido de las cucharas y el ruidillo de la succión de la sopa por parte de toda la familia.

Momentos después, entra Petra procedente del vestíbulo y anuncia:

–Es la policía:

Cesa el ruido de las cucharas, que se detienen a medio camino entre los platos y las bocas de esta familia tan decente y unida.

–¿La policía? –repite don Gregorio, no dando crédito a sus orejas.

–Sí –confirma Petra y amplía la información–. Es un inspector, que pregunta por uno de ustedes.

–¿Por quién? –quiere concretar el cabeza de familia.

–No lo ha dicho.

–Vaya a preguntárselo, mujer.

Petra sale del comedor a cumplir la orden dejando a la familia sumida en sus pensamientos.

«Preguntará por mí –piensa doña Aurelia aterrada, mientras se esfuerza en seguir tomando la sopa–. Esa cerda ha cumplido su amenaza de denunciarme. Mucho presumir de baronesa, pero es en realidad una tahúra. No sé cómo la dejaron ingresar en el club. Porque ella fue la que nos incitó a jugar fuerte. Por culpa de la baronesa, nuestras tranquilas partiditas de canasta degeneraron en una timba de póker ruinosa. Del tanto a diez céntimos, pasamos a jugarnos restos de tres mil duros. De manera que si una tarde se te daba mal, y no ligabas ni una jugada, podías perder hasta ochenta o noventa mil pesetas. Y como tardes malas nunca faltan... Yo tuve hace un mes una racha fatal y estoy entrampada con la baronesa hasta las cejas. Vendí un par de joyitas para rebajar mi deuda, pero ella no se conforma con que le pague a plazos. Quiere toda la cantidad a tocateja, y en seguida. Intenté darle largas, pero reaccionó como lo que es en realidad: una cerda. Una jugadora profesional sin escrúpulos, dispuesta a todo con tal de cobrar. Temo que de nada me ha servido huir de ella y no aparecer por el club desde hace dos semanas. La última vez que la vi estaba tan furiosa, que me amenazó con dar un escándalo morrocotudo. Y es muy capaz. Todas las compañeras de la partida me han aconsejado que saque el dinero de donde sea, porque las deudas de juego son sagradas y a esa fiera no hay quien la detenga. Pero ¿de dónde voy a sacar una suma tan fuerte de sopetón? Ayer empeñé la pulsera que me regaló mi madre, y hoy pensaba pasar por el club para tratar de calmar a la fiera con lo que me han dado por el empeño. Pero ya es demasiado tarde. La denuncia ha sido presentada, y aquí está la policía preguntando por mí...»

«Preguntará por mí –piensa don Gregorio, aterrado, mientras se esfuerza en seguir tomando la sopa–. Tarde o temprano tenía que suceder. Hice mal en consentir ese

29

negocio clandestino utilizando la librería como pantalla. Pero mi encargado, ese maldito Basilio que es un liante, me aseguró que lo llevaría con la máxima discreción. Y la verdad es que así lo ha llevado durante más de un año. También es la verdad que durante ese primer año los beneficios que obtuvimos fueron espectaculares: ¡cinco veces más que lo que ganaba antes explotando honestamente la librería! Porque el libro religioso, triste es reconocerlo, rinde cada día menos. La venta de misales ha descendido horrores. Y hasta el catecismo, que siempre me dejaba un pico considerable, ha dejado de ser el *best-seller* que sostenía todas las librerías religiosas de España. El penúltimo balance anual, especialmente desastroso, me movió a caer en la tentación. Porque Basilio llevaba algún tiempo tentándome diabólicamente:

»—Esa clase de libros y revistas —me decía tratando de convencerme— deja ganancias del trescientos por ciento. Y es un material que se obtiene fácilmente y que se vende como rosquillas.

»—Pero comprende que yo... —me resistía, y él me interrumpía:

»—Comprendo que a usted le dé reparo, porque siempre ha defendido la pureza de La Azucena. Pero usted no figurará para nada. Yo daré la cara ante los proveedores al hacer los pedidos, y ante los clientes al darles salida. La librería nos servirá de tapadera para el negocio, en el que iremos a medias.

»—Pero el riesgo... —seguía resistiéndome yo, y él me razonaba:

»—¿Qué riesgo puede haber? Los pedidos de material a Alemania, Dinamarca y Suecia, no despertarán sospechas porque vendrán dirigidos a una respetable librería religiosa. Yo me ocuparé después de la distribución y venta a clientes de confianza. Confíe en mí, don Gregorio, créame. Se vende mucho menos la vida de un santo, que las memorias de una prostituta.

»Entre Basilio y el balance catastrófico, me convencieron. Y consentí que mi encargado se encargara de vender en La Azucena, con la máxima discreción, revistas y libros pornográficos traídos directamente de las capitales europeas de la pornografía. Un magnífico negocio, desde luego, pero que no podía durar. Alguien se habrá ido de la lengua, y a ver qué le digo yo ahora a la policía...»

«Preguntará por mí –piensa Leonor aterrada, mientras se esfuerza en seguir tomando la sopa–. Hice mal en darle mi nombre a aquella bruja. Pero como dijo que si no se lo daba no me lo hacía...

»–Comprenda que estas cosas son peligrosas, y tengo que saber con quién me estoy jugando la libertad. Porque estas cosas se pagan con la cárcel. Y saber quiénes son mis clientas, me garantiza que no me denunciarán. Por la cuenta que les trae. Teniendo en cuenta que toda mi clientela está formada por chicas como usted, hijas de familias serias...

»Yo estaba tan desesperada que le di todos los datos que me pidió. Y quince mil pesetas. Pero la bruja me sacó del apuro. Me lo hizo por la mañana y sólo tuve que quedarme un par de días en la cama pretextando que tenía la gripe. Todo salió bien. Mejor que yendo a Londres, pues esos viajecitos siempre levantan sospechas. Y si mi novio sospechara que le he engañado con mi jefe... ¡Con un hombre casado que tiene cuatro hijos! Fue una locura pasajera que por fortuna ya pasó. Al jefe le destinaron a la central de América, y no volveré a verle nunca más. Pero

¿de qué me va a servir si han detenido a la bruja, y la policía ha pescado la lista de toda su clientela? Estoy perdida. Tengo que pensar qué voy a decirle a ese policía...»

«Preguntará por mí –piensa Jaime aterrado, mientras se esfuerza en seguir tomando la sopa–. Es posible que alguien me viera cuando lo abandoné. Aunque ya era de noche, las tiendas no habían cerrado aún y había bastante gente en la calle. Y como lo aparqué de mala manera, porque ya no quedaba gasolina para abandonarlo en las afueras... El coche era demasiado llamativo y llamaría la atención. Nadie se fija en el conductor que se apea de un Seat. Pero de un Porsche, pintado además de un color butano rabioso... Es posible también que alguno de la pandilla olvidara algo dentro del cochazo, que haya servido de pista a la policía para encontrarme. O hayan descubierto mis huellas dactilares en el volante... Mira que es mala suerte. Todos los miembros de la pandilla hemos robado coches para divertirnos los fines de semana, y sólo a mí me ha cazado la policía. Seguramente, por la chulada de robar un coche tan caro. Si me hubiera conformado con un cochecillo nacional y corriente... Quizá no me metan en la cárcel porque creo que todavía soy menor de edad; aunque no estoy muy seguro. Me parece que si ya puedo votar, a lo mejor ya no me dejan robar. ¡Mira que es mala pata, coño!...»

Petra vuelve del vestíbulo, y toda la familia detiene las cucharas en el aire para mirarla con ansiedad.

–¿Por quién pregunta la policía? –dice don Gregorio.

–Por los señores de Mendoza, que viven al lado –informa Petra–. El inspector se equivocó de puerta.

Cuatro suspiros disimulados, y cuatro cucharas que reanudan el trayecto interrumpido entre la sopa y la boca.

—Ya me extrañaba a mí —comenta el cabeza de esta familia, tan unida y decente—. No me extraña en cambio que pregunten por esos Mendoza, que nunca me han parecido trigo limpio...

TÉCNICA DE PINTOR

«TENÍA LOS PECHOS BREVES, firmes y pálidos. Un rayo de sol, al herir un pezón, le daba tonalidades de guinda coronando un helado de vainilla. Sus cabellos, largos y cobrizos, se derramaban por la espalda y los hombros ocultándolos a medias, dejando al descubierto pequeños islotes de piel joven.

»La muchacha había dejado los ojos entornados y los labios entreabiertos, como en espera de unas caricias que estuvieran a punto de caer sobre ella. Aún mantenía sus muslos juntos, aunque sin demasiada rigidez ni convicción. Podía adivinarse que estaba dispuesta a separarlos en cuanto tomara contacto con la primera de esas caricias inminentes.

»Un ligero temblor sacudía su espléndido cuerpo desnudo. El rayo de sol abandonó el pezón y fue descendiendo por el vientre terso, sin más accidente que el pocillo umbilical, hasta perderse en el bosquecillo triangular que enmarcaban las ingles...»

—Me canso de posar en esta postura tan incómoda —gruñe de pronto la modelo, rompiendo el silencio e interrumpiendo mi trabajo.

—Descanse un poco —concedo y advierto después—: Falta más de una hora para terminar la sesión.

La muchacha se levanta y estira los brazos, entumecidos por la inmovilidad.

—Sólo necesito moverme un poco, para que no me den calambres. Esto es para mí lo más duro del oficio: estarme quieta tanto rato seguido, siendo como soy más nerviosa que el rabo de una lagartija.

Mientras habla se ha puesto una bata que tengo en el estudio, para cuando las modelos quieren descansar. Porque todas se cubren cuando no están posando. Siendo su desnudez estrictamente laboral, la ocultan en cuanto abandonan su posición de trabajo. Pasea un poco por el estudio, se acerca a mí y me pregunta con curiosidad:

—¿Puedo ver cómo va mi retrato?

Y echa un vistazo al papel que tengo ante mí. Se queda perpleja al verlo, y reacciona con violencia.

—Es usted un guarro —me dice furiosa—. Debí darme cuenta desde el primer momento.

—¿De qué? —pregunto.

—De su guarrería. Cuando vi que su estudio no se parece al de los demás pintores. No hay aquí cuadros en las paredes, ni caballete, ni paleta con pinturas y pinceles. Porque usted no es un pintor, sino un guarro.

—Cálmese, señorita —ruego—. Deje que yo le explique...

—No hay nada que explicar. Está claro que lo que usted quiere es ver tías en pelota. Y con el pretexto de pintarlas, las trae aquí para que se desnuden ante usted. Un truco asqueroso.

—Escuche, haga el favor —insisto—. Es cierto que no soy pintor, pero sí soy un artista.

—¡Sí, sí, artista! ¡Un puerco mirón, eso es usted! ¡Un maniático que habrá gozado masturbándose, escondido detrás de esos papeles! Sepa usted que puedo denunciarle por haberme engañado. Y por haber abusado de mí, sí, señor. Porque yo soy una modelo profesional, y sólo me desnudo por motivos artísticos...

Es tan grande su indignación que me cuesta trabajo explicarle la verdad: que soy un escritor excepcional, probablemente el único en el mundo que emplea para escribir la técnica del pintor. Para hacer la descripción de una mujer necesito verla delante de mí y copiarla con exactitud. Busco para ello una modelo que se asemeje al personaje que deseo crear, y la traigo al estudio para que pose en las distintas posturas que adoptará en mi novela. Y voy tomando apuntes literarios de estas actitudes, bocetos líricos que luego utilizaré en mi novela. Lo mismo hago, no sólo con todos los personajes, sino con los paisajes y las cosas que deben aparecer a lo largo del relato. Si la acción de un capítulo se desarrolla en el campo, salgo de la ciudad a buscar el escenario campestre adecuado. Y cuando lo encuentro, me siento en una silla plegable, saco mi pluma y mis cuartillas, y lo describo copiándolo del natural. Soy un escritor tan realista, que no invento nada: lo copio todo. Si alguno de mis personajes tiene que comerse un cochinillo, o un besugo, traigo a mi estudio un besugo o un cochinillo para describirlos fielmente en unas cuantas frases. Por eso, según los críticos, mi literatura es de un realismo impresionante.

–Si después de toda esta explicación sigue usted creyendo que soy un guarro –concluyo con dignidad ofendida dirigiéndome a la muchacha–, vístase y márchese. Pero me perjudicará enormemente porque es usted el tipo de mujer ideal para encarnar a un personaje importantísimo de mi novela. Nada menos que a la amante del protagonista, con la que él sostiene unas relaciones apasionadas durante seis capítulos. En sesiones sucesivas, pensaba hacerla posar en todas las posturas que ella

adoptará durante sus encuentros con él. Posturas sumamente eróticas, que yo describiría minuciosamente con el
máximo realismo en párrafos sueltos, para irlos encajando
en mi relato a medida que la acción lo requiriera. Pero si
usted se marcha, tendré que buscar otra modelo. Y me va
a ser difícil encontrar otra tan perfecta como usted.

–Pues si es verdad todo lo que me ha contado –comenta la muchacha–, es usted un escritor muy raro.

–Excepcional, ya se lo he dicho. El único en el mundo
que emplea para escribir la misma técnica que los pintores utilizan para pintar. A usted pensaba describirla con
una exactitud casi fotográfica en la primera sesión. Vea lo
adelantado que ya tenía su retrato literario en sólo la
hora y pico que posó para mí.

Y le muestro la cuartilla en la que había escrito:

«Tenía los pechos breves, firmes y pálidos. Un rayo de
sol, al herir un pezón, le daba tonalidades de guinda coronando un helado de vainilla...»

–Pues me parezco horrores –admite la chica cuando termina de leer el párrafo completo–. Y la comparación con el
helado es muy acertada, porque siempre tengo las tetas
frías. No sé por qué será, pero se me ponen como caram-
banos mismamente... Creo que me ha convencido: aunque
algo raro y fuera de lo normal, me parece que es usted un
verdadero artista. No tengo inconveniente por lo tanto en
seguir posando para usted. ¿Continuamos la sesión?

–Cuando usted quiera.

Ella se quita la bata. Y yo, con el pretexto de colocarla
en la «pose» más adecuada, toco suavemente sus pechos y
sus nalgas.

Excitado y contento porque el truco ha vuelto a darme
resultado, vuelvo a ocultarme detrás de mis cuartillas y a
disfrutar haciendo guarrerías.

PETICIÓN DE AUXILIO

Instituto Sexológico Fornik.
Apartado 274 862.

Muy señores míos:

Hace algún tiempo que entré en la tercera edad, benévolo eufemismo inventado por un alma caritativa para pa-
liar el nombre de esa etapa cruel que, sin paliativos, se llama vejez.

Desde que cumplí los setenta mi volcán interior se
apagó, y entré resignadamente en un largo y aburrido período de enfriamiento. Pasé de pronto, como quien dice,
de volcán a glaciar. Viví desde entonces del recuerdo de
pasadas y fogosas erupciones, como viven todos los ancia-
nos en espera de que les llegue su hora final.

Junto a mí, apagada también por tener solamente cuatro años menos que yo, mi santa esposa compartía con
idéntica resignación el frío de la senectud. Éramos una de
tantas parejas de senectitos apacibles que llenan sus días
paseando por los parques, visitando a sus nietos ya numerosos, o viendo la televisión cuando el tiempo es desapaci-
ble y no pueden irse de parques ni de nietos.

Pero dice un refrán que el hombre, cuanto más viejo,

más pellejo. Y debo confesar que no fui una excepción a esa regla del refranero, pues podría decir para que ustedes me entendieran que mi vejez exacerbó mi pellejez. O sea que seguían gustándome las señoras, aunque mis relaciones con ellas eran puramente imaginativas por haberse enfriado mi volcán y ser incapaz de producir una sola gota de lava.

Confieso también que a hurtadillas, sin que llegara a percatarse mi santa esposa, alimenté mi regodeo imaginativo adquiriendo y contemplando esas revistas que llenan ahora nuestros quioscos, y en las que aparecen retratadas las chavalas tal y como sus madres las parieron.

Fue en una de esas revistas donde leí el anuncio de los productos que ustedes fabrican en el Instituto «Fornik», encaminados a proporcionar al hombre placeres mucho más intensos y placenteros que el simple regodeo visual.

El anuncio era especialmente sugestivo para mí, pues prometía e incluso garantizaba la inmediata resurrección de sensaciones y órganos prácticamente muertos.

Siempre a hurtadillas de mi santa esposa les escribí solicitando me enviaran un lote completo de sus productos, envío que recibí contra reembolso en discreto paquete postal; paquete por cuya discreción les felicito, pues más parecía el envoltorio de un braguero para un herniado que estimulantes íntimos para combatir la impotencia sexual.

Pagué con mucho gusto el elevado importe del reembolso, aunque la verdad sea dicha con cierto escepticismo también. Conociendo el estado ruinoso de mis órganos genitales, comparables por su decrepitud a las ruinas pompeyanas, ¿cómo no ser escéptico ante la posible eficacia de sus preparados? Lo cierto es que yo pensaba, con el corazón en la mano, que a un sexo como el mío, tan muerto como el Lázaro bíblico, sólo un milagro divino y no la química humana le haría obedecer esta orden:

–¡Levántate!

A punto estuve de tirar sus productos por el retrete sin probarlos, impulsado por un fuerte ataque de escepticismo, pero me detuvo el elevado precio que había pagado por ellos. Hecho el gasto, nada perdía por probar. Y aquella misma noche, decidí tomar la llamada por ustedes «Pastilla Supermacho».

Siguiendo las instrucciones del prospecto que acompaña a dichas pastillas, me dispuse a tomarla al terminar la cena. De manera que cuando terminé de cenar con mi santa esposa, comidilla frugal como corresponde a una pareja septuagenaria, me serví un vaso de agua y eché en él la pastilla.

–¿Qué es eso? –me preguntó ella al ver mi maniobra.

–Una tableta para el ardor de estómago –mentí.

–¿Y desde cuándo tienes ardor de estómago?

–Desde que acabé de cenar.

–¿Cómo han podido producirte ardor de estómago una sopita y una merlucita?

–Di más bien una sopaza y una merluzota –exageré–. Los fideos del caldo por un lado, y el perejil del pescado por otro... Estas comilonas tan pesadas me sientan fatal.

–¿Y de qué son esas tabletas? –siguió preguntando ella, mirando el vaso preocupada.

–Pues de magnesia, supongo.

–Pues ¡qué magnesia tan rara!

–¿Por qué?

–Fíjate la espuma que hace.

Me fijé y seguí mintiendo:

–Porque será efervescente, como todas las magnesias.

–Pero la efervescencia de las magnesias suele ser blanca, y ésta es colorada.

–Le habrán añadido algún colorante –improvisé–, para que haga más bonito.

La verdad es que la Pastilla Supermacho, al entrar en contacto con el agua del vaso, había desencadenado un fenómeno espectacular y hasta cierto punto sobrecogedor. Un burbujeo ruidoso y rojizo, como el de un volcán al entrar en erupción, hacía hervir y aumentar con rapidez el nivel del agua hasta derramarla fuera del vaso en forma de espuma sanguinolenta.

Impresionado por el espectáculo pero sin perder la serenidad, tomé el vaso con mano firme y me tragué su contenido en un par de tragos, antes de que echara a perder toda la superficie del mantel. Mientras me lo tragaba pensé que esa reacción de la pastilla deberían advertirla ustedes en el folleto explicativo de las cualidades del producto, para evitarles a los usuarios un susto de consecuencias imprevisibles. Porque me costó mucho trabajo convencer a mi asustadísima esposa que aquella fogosa y espumosa expansión líquida era producida por una inocua pildorilla contra el ardor estomacal, cuando la verdad es que el efecto que me produjo fue justamente el contrario: el estómago empezó a arderme en cuanto el agua rojiza cayó en él.

Disimulé ante mi santa esposa mientras le ofrecía un vaso de leche, que previamente había preparado.

–¿Para qué? –me preguntó ella, sorprendida por mi extraña oferta.

–Para desintoxicarte –expliqué astutamente–. Si la cena me ha producido a mí ardor de estómago, es probable que a ti también te caiga mal. Y la leche es el mejor antídoto contra las intoxicaciones.

–No digas gilipolleces –protestó mi santa esposa, que cuando se cabrea dice también algunas burradas–. ¿Cómo puñeta voy a intoxicarme por haber cenado una sopita y una merlucita?

–El pescado es muy traidor –insinué capciosamente–. Puede que tu inocente merlucita estuviera más podrida que una momia.

Discutió pero yo insistí, y no paré hasta conseguir que se tomara el maldito vaso de leche.

Ya comprenderán ustedes que había una razón poderosa que justificaba mi actitud, pues no es normal que un marido insista de tal modo en prevenir una posible intoxicación de su mujer. Y la razón era que yo había mezclado con la leche el complemento de la Pastilla Supermacho, o sea el Elixir Excitante incoloro e insípido, que puede mezclarse disimuladamente con cualquier clase de bebida, y que transforma a la señora más gazmoña en la más lujuriosa de todas las bestias.

Aunque según el prospecto que ustedes adjuntan bastan unas gotas del elixir para caldear a la hembra más frígida, dado que la frigidez de mi santa esposa es casi tan antigua e intensa como la del Polo Norte, aumenté la dosis. O sea que prescindí del cuentagotas, y eché en la leche un chorro del frasco calculado a ojo de buen polvero.

No engañan ustedes a la clientela al afirmar que el Elixir Excitante es insípido, pues mi señora se lo tragó tan ricamente, sin dengues ni muecas de asco.

Ya sólo quedaba esperar a que ambos productos actuaran en nuestros organismos respectivos. En vista de lo cual, por si sus efectos eran tan fulminantes como prometía la propaganda hecha por ustedes, propuse a mi señora que nos fuéramos a la cama inmediatamente.

—¿Tanto sueño tienes? —me preguntó ya que para nosotros, desde hacía muchos años, el verbo «acostar» era sinónimo del verbo «dormir».

—No. Pero puede entrarme el sueño de pronto...

—Por rápidamente que te entre, siempre te dará tiempo de llegar a la cama —razonó ella—. Además, en la «tele» hay esta noche película. Y ya sabes que me gustan las películas de la «tele», porque ya las vimos cuando éramos jóvenes. Y siempre es agradable revivir las épocas remotas de nuestra juventud.

—Está bien —cedí a regañadientes, pues los ardores internos producidos por la pastilla se intensificaban presagiando una insospechable reacción orgánica.

Dominando mi naciente inquietud me senté junto a mi esposa frente al televisor, en el que habían empezado a aparecer los primeros fotogramas de la película. Era efectivamente una película tan vieja como casi todas las que programa nuestra televisión, que a mi mujer y a mí nos emocionó vivamente por haberla visto cuando éramos recién casados. Todas las «estrellas» del reparto murieron hace muchos años, y sólo sobrevive la entonces damita joven que hoy hace papeles de bisabuela.

Imagino que la evocación de nuestra juventud suscitada por el filme potenció los productos de ustedes que ambos habíamos ingerido, desencadenando en nuestros organismos un estado delirante tan repentino como arrollador. El efecto de la Pastilla Supermacho, perfectamente sincronizado con el del Elixir Excitante, nos arrojó al uno en brazos del otro.

Miembros y pellejos arrugados a lo largo de varias décadas, adquirieron en pocos minutos insólitas turgencias. Tan urgente y acuciante fue el despertar de nuestro apetito carnal, que no tuvimos tiempo de trasladarnos a la alcoba: lo aplacamos allí mismo, sobre la alfombra del cuarto de estar, ante el televisor encendido que apagaba con la banda sonora de la vieja película el jadeo de nuestras efusiones.

¿Me creerán ustedes si les digo que tanto mi santa esposa como yo superamos las más altas cotas de eyaculaciones y orgasmos que habíamos alcanzado en nuestra juvenil luna de miel? Tienen que creerme, claro está, puesto que ustedes fabrican y por lo tanto conocen la eficacia de estos productos, cuyo poder afrodisíaco rebasa con amplitud las estimaciones más optimistas que hacen en su publicidad.

Me creerán también si les digo que un solo envase de Pastillas Supermacho y un solo frasco de Elixir Excitante, bastaron para transformar a un anciano matrimonio en una pareja insaciable, tan fogosa como lujuriosa, compuesta por un sátiro y una ninfómana.

Desde aquella primera noche en la alfombra del cuarto de estar, no exagero ni pizca si les aseguro que no hemos parado de follar. ¿Qué otra cosa podríamos hacer si eso es lo único que nos pide el cuerpo, y energías nunca nos faltan para darle todo lo que pida?

Casi un mes llevamos metidos en casa, y más concretamente metidos en cama, dándole al asunto sin parar y sin que el asunto decaiga. Hacemos las pausas indispensables para reponer fuerzas comiendo y durmiendo, pero cuando hemos comido y dormido ya estamos otra vez dale que te pego. Nuestros hijos y nuestros nietos, enterados de que llevamos tantas semanas sin salir a la calle, nos llaman por teléfono llenos de preocupación.

–¿Qué os pasa, abuelitos? –nos preguntan.

–Que estamos en la cama –contestamos y no mentimos.

–¿Os ha visto el médico?

–Si nos viera, se asustaría.

Al oír esto también se asustan ellos, y pretenden venir a visitarnos. Pero nosotros rechazamos toda clase de visitas, porque perderíamos un tiempo precioso que necesitamos para aplacar nuestro insaciable apetito sexual. Por esta razón no salimos de la cama, ni nos preocupa saber si es de noche o de día. Las cortinas del balcón de nuestra alcoba permanecen corridas, y no vemos más luz que la de una pequeña lámpara en la mesilla de noche a la que pusimos una bombilla roja para incrementar nuestra excitación, como suele hacerse en los burdeles más sofisticados.

Dos son los motivos de esta carta, que les escribo aprovechando los breves intervalos entre polvo y polvo. El primero, felicitarles por la eficacia de sus productos energéticos –¡bien puede llamárseles así!–, que han operado en nosotros un fenómeno no muy lejano en muchos aspectos al de la resurrección de la carne. O por lo menos de los pellejos. Pues que ciertos pellejos muertos se enderecen y no se doblen, ¿no es una forma de resucitar?

El segundo motivo es pedirles auxilio, para que nos ayuden a salir de esta situación. No negamos que con esta intensa vida sexual que ustedes nos han proporcionado, tanto mi esposa como yo nos lo pasamos chupi. Es indiscutible que entre los placeres que el ser humano puede disfrutar por procedimientos naturales, no hay ninguno que aventaje al de hacer el amor. Pero hacerlo sin parar, llega a convertir el placer en un suplicio inaguantable.

Yo les suplico que me manden cuanto antes algún antídoto en pastillas, en gotas o en inyectables, para anular la acción de sus devastadores afrodisíacos.

Yo deseo poder levantarme de la cama, en la que llevo casi un mes retozando en permanente revolcón. Mi intenso placer físico, que mi santa esposa también comparte, me priva de otros placeres intelectuales mucho más suaves, desde luego, pero también agradables: el placer de leer un libro, de salir a pasear, de sentarse en un banco del parque a contemplar unos árboles, una fuente... El placer de dormir apaciblemente, sin deseos constantes y acuciantes que te obligan a satisfacerlos sobre la marcha y sobre tu pareja. El placer de visitar a tus encantadores nietecitos, que te sueltan encima graciosas meaditas y te tiran cariñosamente de las barbas...

El placer, en fin, dulce y tranquilo, de haber llegado a la vejez y descansar en ella recordando todo lo que se hizo en la vida y haciendo las pequeñas cosas que pueden hacerse todavía.

Pensándolo bien, cuando se llega a cierta edad, no hay que hacer caso a los anuncios de ustedes. Porque la verdad es que en el mundo puede hacerse algo más que follar a calzón quitado.

Mándenme el antídoto, por favor, para que mi mujer y yo podamos ponernos los calzones correspondientes. Y procuren mandármelo en gotas incoloras e insípidas, para que pueda hacérselo ingerir sin que ella se dé cuenta. Porque mi santa esposa está tan cachonda y se lo pasa tan bien follando, que ¡cualquiera la convence de que se tome por las buenas un calmante que apague su cachondez!

RECETA PARA UN «BEST-SELLER»

COMO EL «BRIOCHE» O EL «CROISSANT», como la rosquilla o el bartolillo, el *best-seller* es un bollo apastelado que cualquier pastelero puede hacer si dispone de la receta correspondiente.

Este invento de la pastelería literaria es norteamericano, como es lógico, pues ya se sabe que los yanquis son maestros en el arte de crear productos con niveles de consumo insuperables en todos los mercados.

No incluyo en esta denominación consumista a la minoría de libros que triunfa por su extraordinaria calidad, ya que la verdadera obra de arte no es un pastel que pueda hacerse con receta, sino un fenómeno aislado y tan asombroso como la aparición de un diamante puro en una sucia mina de carbón.

Un libro genial puede convertirse en *best-seller*, pero esto no significa que un *best-seller* sea siempre un libro genial. Puede asegurarse por el contrario que, en la mayoría de los casos, los libros más vendidos suelen estar muy lejos de la genialidad. Su éxito se debe a la hábil dosificación de ingredientes altamente comerciales, cuyo sabor fuerte y sin matices halaga el paladar elemental de las masas. Y estos ingredientes, naturalmente, varían según las latitudes.

Veamos a continuación algunas recetas para fabricar *best-sellers* en distintos países con aceptable índice de consumo libresco:

EL «BEST-SELLER» ESPAÑOL

Cójase un buen pedazo de la larga etapa franquista, y macháquese hasta hacerlo picadillo. El polvo resultante de este machacamiento, servirá para espolvorear todas las páginas del volumen y dar al relato ese ambiente de antifranquismo indispensable para que cualquier editor se decida a editarlo.

Búsquense después unos personajes a los que se describa como de izquierdas de toda la vida, y empiece a contarse lo mal que lo pasaron en aquella etapa ultraderechista.

Por el número de víctimas que ahora protagoniza las novelas exitosas, se diría que los oprimidos fueron una mayoría tan aplastante que pudo sin riesgo ni dificultad aplastar a los opresores. A gorrazos. Pero de esto sólo se percata el lector muy perspicaz, que no es precisamente el que consume los *best-sellers*.

Aunque cualquier época sirve para situar estas sombrías narraciones, puede decirse que la década de los cuarenta es la más utilizada por los autores debido a su elevado índice de tenebrosidad. Abiertas aún las heridas de la guerra civil –¿hasta cuándo, rediez?–, tensas todavía las relaciones entre vencedores y vencidos, arruinado el país y vacíos los mercados, esa década es el cañamazo ideal para bordar historias trágicas y deprimentes.

Otra receta con la que puede lograrse el mismo resultado, es tan fácil y elemental como la anterior. Consiste sencillamente en cachondearse de la etapa actual, partiendo de la base de que las cosas han variado en la forma pero no en el fondo. Puesto que la mayoría de los políticos actuales procede de un pasado bastante próximo, es sencillo ponerles a parir recordándoles los cargos que antes ocuparon y los uniformes que vistieron. Este guisote es siempre eficaz. Inútil decir que es indispensable rociar este guiso con una salsa picante, hecha a base de mezclar situaciones eróticas con un léxico desenfadado en el que tengan cabida las palabras más soeces. El pequeño desahogo de la ordinariez, alivia la presión de los reprimidos.

Digamos para resumir que el *best-seller* español se hace con ingredientes y mondongos sacados de la dictadura, a cuyo enorme cuerpo que casi llegó a cumplir los cuarenta años se le pueden sacar todavía muy sabrosas tajadas novelísticas.

Temo sin embargo que este filón se agotará muy pronto, pues con el tiempo ese corpachón ya muerto ha empezado a descomponerse, y empieza a oler mal como todos los cadáveres. Cuando este desagradable olor a podrido llegue a ser demasiado fuerte y resulte insoportable, habrá que rehacer estas recetas a base de ingredientes más frescos y apetitosos.

EL «BEST-SELLER» NORTEAMERICANO

Es casi siempre una novela gordísima, porque el lector yanki no es tonto ni se chupa el *finger*, y no suelta un dólar si no se le da papel en cantidad. Y para llenar tanta hoja, no se pueden andar con chorradas literarias ni psicológicas: hay que coger varios puñados de gente diversa, entre la cual haya algunos negros para dar color, y contar la historia de cada individuo con pelos y señales. Para lo cual no hay nada mejor que meter al gran montón de personajes que requiere el *best-seller* en un sitio amplio en el que quepa con holgura. Por ejemplo en un aeropuerto, en un rascacielos, en un trasatlántico, en un hotel, o en cualquier otro contenedor en el que puedan estar cerca los unos de los otros para que sus vidas se entrecrucen y formen la urdimbre de la novela.

Como el lector norteamericano detesta la pobreza, el escenario del libro tiene que ser lujoso y los personajes de potable nivel tanto social como económico. He aquí algunos de estos personajes, cuya aparición es frecuente en los libros más vendidos en los Estados Unidos:

Banquero joven, pero mangante, al que sus continuos trapicheos llevarán mediada la novela al borde de la ruina.

Bellísima secretaria de ese banquero, que se acuesta con él y le ama con locura a pesar de su mangancia, de su esposa y de sus hijos.

Poderoso hombre de negocios con avión propio, con barco propio y con todo propio, frío y calculador, que compra senadores a pares como si fueran zapatos.

Uno de estos senadores comprado por el hombre de negocios, que se arrepiente de ser un guarro y se suicida.

Esposa de hombre muy influyente, finísima y elegantísima pero ninfómana perdida, que está a punto de arruinar la carrera política de su marido.

Ejecutivo inteligente que descubre un pufo gordísimo en su empresa multinacional, pero que no puede denunciarlo porque la Mafia le amenaza con sacar a relucir un trapo suyo bastante sucio: fue maricón durante la guerra del Vietnam, y estuvo liado con un sargento de caballería.

Viejecita bondadosa que es en realidad un espía con toda la barba vendido al oro moscovita.

Galería de arte muy sofisticada que es en realidad la tapadera de una poderosa organización dedicada al tráfico de estupefacientes.

Negro muy culto y bondadoso que, al verse repudiado por la sociedad blanca, se lía a hostias con ella.

Judío fofo y ricachón que intenta seducir, sin éxito, a joven pobre y casta.

Joven sano y deportista, prototipo de la sociedad americana, que se casará al final con la única chica decente de toda la novela.

Al *best-seller* norteamericano no se le puede negar una endiablada habilidad para entretejer las historias de muchísimos personajes, historias que nunca apasionan pero que siempre entretienen. Son hábiles también sus autores al elegir escenarios variados y sugestivos, pues al lector le apasiona viajar a ciudades exóticas y lujosas que no están al alcance de su bolsillo.

Y así, entre historietas entretenidas y viajes fantásticos, los lectores se tragan como píldoras mamotretos que rebasan casi siempre las seiscientas páginas.

EL «BEST-SELLER» FRANCÉS

País que se las da de intelectual, y que puede dárselas porque lo es, sus *best-sellers* son más profundos, más pesados y más difíciles de leer. En general no suelen ser libros divertidos, ni siquiera entretenidos, pero la gente los compra masivamente porque hace bonito haberlos leído.

El francés medio se jacta de ser culto, y para alimentar su jactancia es capaz de comprar libros de contenido superior a sus entendederas. Puede que de su lectura saque poco en limpio, puede incluso que leyéndolos se aburra como un camello; pero poder decir que los leyó, refuerza su capa de barniz cultural.

El *best-seller* francés suele ir avalado por la concesión al libro de un premio literario. Y como en Francia estos premios los conceden árbitros muy serios y sesudos, suelen recaer, en la mayoría de los casos, sobre textos de gran profundidad pero sin pizca de comercialidad. Razón por la cual son libros minoritarios, inaccesibles al gran público. Es hermoso por lo tanto que el gran público acceda a su lectura, sabiendo de antemano que no entenderá ni jota y se aburrirá como el camello citado anteriormente.

Los argumentos de estas novelas exquisitas suelen ser muy poco movidos, ya que narran en general las reacciones psicológicas de unos cuantos personajes frente a un problema corrientito, algunas veces amoroso y en ocasiones puramente sexual.

Lo importante de estos libros es la calidad literaria de las meditaciones que hacen sus personajes, meditaciones hechas en párrafos compactos que ocupan varias páginas, sin un mísero punto y aparte que alivie la negra y densa composición tipográfica. La acción trepidante de las novelas comerciales, se sustituye por un inmovilismo anonadante, pesado como una lápida de mármol con incrustaciones de plomo.

Un país que es capaz de convertir en «*best-sellers*» las retorcidas elucubraciones de sus intelectuales más puros, merece estar a la cabeza de la civilización occidental.

Es posible que el gran público francés no sea más inteligente que el de cualquier otro país, pero trata al menos de parecerlo. Gracias a lo cual, aunque sólo sea por esnobismo, los intelectuales franceses ganan casi, casi, el mis-

mo dinero que los futbolistas. Y aunque parezca mentira,
la gente respeta más al que escribe un libro que al que
mete un gol.

EL «BEST-SELLER» HISPANOAMERICANO

Mientras en España nos dedicamos a criticar a los escritores que tenemos, a decir que su inspiración fue cas-
trada por el franquismo, a asegurar que nadie vale un pimiento, que menuda pena el panorama literario, los hispanoamericanos hablan menos y trabajan más. Con un sentido de la solidaridad que aquí desconocemos, se jalean
mutuamente, hablan bien unos de otros, y se han cons-
truido una plataforma de lanzamiento gracias a la cual
han aterrizado en todos los mercados mundiales.

Y mientras nosotros nos zancadilleamos unos a otros,
mientras perdemos tiempo y energías en polémicas de
ámbito local, ellos, los hispanoamericanos, se van apoderando a nivel internacional del lector en lengua española.

Hace ya bastantes años que los éxitos mundiales en
nuestro idioma –en uno de nuestros idiomas para ser más
exacto–, llevan en las portadas nombres ultramarinos.

El *best-seller* hispanoamericano se basa fundamentalmente en un dominio asombroso del diccionario, al servicio de una riquísima imaginación creadora. Con estos elementos básicos, que no son ninguna tontería, los novelistas de las repúblicas hermanas construyen unas novelas
muy gordas y también muy originales.

El *best-seller* hispanoamericano es en general de lectura difícil, por acumulación excesiva de ingredientes en el
relato. No suelen ser novelas de pocos personajes y un
solo decorado, sino de pueblos enteros que cambian ince-

santemente de escenarios. El lector se pierde casi siempre en la espesura de muchedumbres que se entrecruzan en la acción, frondosa también, en el abigarrado lenguaje sembrado de palabras que nunca oyó pero que son auténticas, que estaban dormidas en el diccionario hasta que estos escritores las sacaron a la palestra de sus preciosos textos.

El lector se detiene muchas veces en la lectura, cegado por tantas imágenes deslumbradoras, confundido por tantas acciones entrelazadas que parecen enmarañadas pero que no lo están, mareado por tantos saltos de la realidad a la fantasía, de la vigilia al sueño, de lo periodístico a lo poético. El lector piensa en cada parada que ya no podrá seguir leyendo, que está hecho un lío, que está hundido en esos materiales tan densos, movedizos y lujuriantes, que ya no puede avanzar ni comprender los centenares de cosas que les suceden a los centenares de personajes.

Después de un descanso vuelve a sumergirse en la lectura, como el que se mete en una sauna asfixiante pero al mismo tiempo vivificadora.

El *best-seller* hispanoamericano se hace muy cuesta arriba a partir de las cien primeras páginas, porque es demasiado denso y agobiante. Hay en él ingredientes acumulados para una docena de novelas, y sólo leyéndolo una docena de veces se lograría sacarle todo el caudaloso jugo que contiene. En un solo *best-seller* hispanoamericano, hay más léxico y más ideas que en toda la obra de muchos novelistas nacionales.

Mucho van a tener que trabajar los colegas de aquí, hasta alcanzar la densidad literaria de esos monstruos que nos llegan de allá.

EL CIPOTE Y LA PILILA

–Escucha, Ramiro.
  –Te escucho, Vicente.
  Vicente está bastante nervioso. Se le nota en que se frota las manos con insistencia y sin ninguna necesidad, pues la temperatura es primaveral. Y en el café donde se hallan reunidos, la calefacción es incluso excesiva.
  –No sé el concepto que tú tendrás de mí –se lanza por fin Vicente–, pero yo te considero mi mejor amigo. No uno de los mejores, sino el mejor. También Gloria te aprecia mucho, y le caíste muy bien desde que te la presenté. Puede decirse que mi mujer y yo te consideramos como de la familia, y te consta que en casa te recibimos sin ningún protocolo.
  –Agradezco esa confianza, a la que correspondo con el mismo grado de amistad –dice Ramiro entre ceremonioso y burlón, tomando un poco a coña la actitud de Vicente–. Pero ahora dime a qué vienen tantos rodeos, y por qué me has citado aquí, con tanto misterio. Te propuse pasar por tu casa y me rogaste que acudiera a este café, donde el café es mucho peor que el que prepara tu mujer, y donde estamos mucho más incómodos que en tus confortables butacones.

–Es que... –vacila todavía Vicente– tengo que pedirte un favor.

–¡Vamos, hombre! –exclama Ramiro–. ¿Y necesitas tanto teatro para pedirle un simple favor a tu mejor amigo?

–Es que el favor no es nada simple, sino sumamente delicado.

–Por delicado que sea, concedido.

–No puedes concedérmelo sin saber de qué se trata.

–Pues suéltalo de una vez.

–Pues verás –empieza de nuevo Vicente, y vuelve a frotarse las manos con redoblado nerviosismo–: además de considerarte mi mejor amigo, te admiro profundamente.

–No es necesario que adornes tu petición con una dosis de coba –sigue burlándose Ramiro.

–No es coba –protesta Vicente– sino admiración sincera por tu forma de vivir.

–¡Bah! –minimiza Ramiro–. Me obliga mi profesión; y de alguna forma hay que ganarse el cocido.

–Pero hay formas menos arriesgadas de ganárselo. Y tú elegiste, deliberadamente, la profesión que aquí llamamos «especialista» y que los franceses, mucho más gráficos, llaman «*cascadeur*». Porque siempre estás a punto de cascar. Eso demuestra que amas el peligro. Tienes además condiciones físicas y atléticas para arrostrarlo. Yo, por ejemplo, me moriría de miedo si tuviera que tirarme de un caballo en marcha, o arrojarme por la ventana de un cuarto piso.

–¡Bah! –sigue minimizando Ramiro–. Te acostumbrarías.

–Nunca. ¿Crees que si yo tuviera tu valor habría estudiado la carrera de perito mercantil? Más que una carrera, es sólo una carrerilla. No, Ramiro. Cada cual elige la profesión de acuerdo con su audacia, y tú sabes de sobra que soy un pusilánime. Un pusilánime que admira a los audaces como tú.

–Bueno, hombre –empieza a aburrirse Ramiro–. Agradezco tus piropos, pero dime de una vez lo que quieres de mí.

–Verás –vuelve a empezar Vicente–. Tu profesión hace que por un lado tus miembros se desarrollen atléticamente, mientras que por otro corres el riesgo de perderlos definitivamente. O sea que lo que ganas por un lado, puedes perderlo por otro. Razón por la cual te piden que cedas tus miembros trasplantables a los bancos correspondientes. Y tú, con desprendimiento y generosidad propios del que se juega la vida todos los días, has cedido tus ojos al Banco de Ojos, tu corazón al Banco de Corazones, y tus riñones al Banco de Riñones.

–Pues sí, es cierto –admite Ramiro sin vanidad y con un encogimiento de hombros–. Para lo que me servirán después de que casque... Es fácil ser generoso con nuestras vísceras cuando ya no las necesitamos. Pero sigo sin saber lo que quieres de mí.

–Algo de eso.

–¿De qué?

–Alguna de esas cesiones para cuando te mueras, que Dios no lo quiera.

–Lo siento, chico –se lamenta Ramiro con un suspiro–, pero llegas tarde. Todos mis mondongos, o sea todos mis órganos aprovechables, los he cedido ya a los bancos correspondientes. Cuando fallezca y me extirpen todas las cesiones, sólo quedará de mí un montoncito de despojos inaprovechables.

–Perdona –aventura Vicente tímidamente–, pero en ese montoncito estarán los órganos que yo quiero aprovechar.

–¿Sí? –se sorprende Ramiro–. Pues por mi parte no hay ningún inconveniente. Elige lo que quieras de lo que quede, y llévatelo con toda tranquilidad.

–¿De veras no te importa?

–¡Pues claro que no! Si no fuera porque ya estaré muerto, yo mismo te envolvería lo que quisieras llevarte. Lo que no comprendo es qué órganos podrás aprovechar de lo poco que quedará.

Y Vicente lo dice:

–Los genitales.

–¿Qué? –exclama su amigo, creyendo no haber entendido. Y Vicente lo explica más claramente:

–Los órganos genitales completos. O sea el pene, con su correspondiente par de testículos. Porque supongo que esa parte de tu organismo no se la habrás cedido a nadie, ¿verdad? Que yo sepa, aún no se ha creado ningún Banco de Pollas y Huevos.

–Pues no –dice Ramiro, después de repasar mentalmente la lista de las cesiones a los distintos bancos.

–¡Menos mal! –suspira Vicente, aliviado.

–¿Y puedes decirme lo que piensas hacer con mis vergüenzas?

–¿Cómo puedes llamarlas tus vergüenzas? –protesta Vicente–. Di más bien tus orgullos. Porque no me negarás que siempre estuviste orgulloso de tus partes. Y quien dice partes, dice la totalidad de tu aparato genital.

–¡Hombre! –hace Ramiro un mohín de modestia–. Tanto como orgulloso...

–Pues es para estarlo, caramba –protesta Vicente–. ¡Ya quisiéramos muchos tener unos atributos viriles de ese tamaño! ¡Qué pene, madre mía! ¡Y qué par de huevos, que parecen de avestruz!

–¿Cómo? –exclama Ramiro, perplejo–. ¿Pero cómo puedes hablar así? ¿Cuándo me has visto tú la picha y sus servicios auxiliares?

–Muchas veces en los vestuarios del gimnasio. Y de la piscina. No hay que esforzarse demasiado para ver una cosa tan grande. Porque créeme que tu polla llama la atención.

–¿Tú crees? –duda Ramiro, con falsa modestia–. Pues a mí me parece corrientita.

–¡Corrientita dice –se escandaliza Vicente–, y apenas le cabe en el pantalón!

–Me parece que exageras.

–En absoluto. A más de uno he visto en las duchas del gimnasio mirarte a la entrepierna de reojo, y morirse de envidia.

–Supongamos que es verdad, que sigo dudándolo, y sigamos suponiendo que cuando me muera te cedo mi aparato completo. ¿Qué piensas hacer con él? ¿Disecarlo y meterlo en una vitrina? ¿O quizá freír la salchicha y comerte los huevos pasados por agua?

–Ninguna de las dos cosas. Lo que haré es usar tu miembro con todos sus accesorios.

–¿Cómo?

–Haciéndome un trasplante.

–Estás chalado, ¿no?

–No, Ramiro.

Y Vicente, con cierta solemnidad, saca de la cartera un recorte de periódico.

–Aquí dice que hoy, quince de marzo de mil novecientos setenta y nueve, un médico francés ha conseguido la reimplantación completa de un sexo masculino (pene y dos testículos). La operación la realizó el profesor Jean Auvent, Jefe del Servicio de Urología del Hospital Henri Mondor, de la ciudad francesa de Creteil, cerca de París.

61

–¿Es posible? –se asombra Ramiro, y su rostro revela una profunda incredulidad.

–Puedes leerlo tú mismo –dice Vicente, tendiéndole el recorte que Ramiro se apresura a leer–. La noticia se ha publicado en el *ABC*, que no es precisamente un periódico sensacionalista. Lee, lee. La operación duró doce horas y el operado era un deficiente mental. Es muy posible que si el paciente no tiene ninguna deficiencia y el donante conserva toda su potencia, el profesor Jean Auvent tarde mucho menos tiempo en hacer la operación, ¿no te parece?

–Sí, claro –tiene que admitir Ramiro, devolviéndole el recorte después de haberlo leído–. Pero ¿qué necesidad tienes tú de hacerte ese trasplante? ¿Acaso no dispones de un aparato propio que funciona perfectamente? Porque que yo sepa, tu mujer no se ha quejado todavía de lo que podríamos llamar «falta de asistencia técnica».

–Desde luego que no. Tengo mi propio aparato, con el que cumplo mis deberes conyugales sin que Gloria pueda quejarse. Pero, chico, ¡menuda diferencia con el tuyo! No me importa reconocer tu superioridad en ese aspecto.

–¿Qué quieres decir?

–Que tú tienes un cipote impresionante, mientras yo no paso de tener una pilila corriente.

–¿Y qué diferencia hay entre un cipote y una pilila?

–La misma que entre una langosta y una gamba.

–¿Tanto como eso? –queda pensativo Ramiro.

–Pues sí –continúa explicando Vicente–. Y si ofreces una langosta a una mujer, se queda satisfecha e incluso puede darse un atracón. Pero ofrécele una gamba, y se quedará con ganas. Bastante hace mi Gloria, que se conforma y no protesta. ¿Qué decides?

–Pues la verdad, chico: si te hace ilusión, y como a mí

ya no me valdrá para nada, puedes cortármela. No ahora, claro, sino cuando me muera.

–¡Gracias, Ramiro! No sabes cuánto te lo agradezco.

–No tienes que agradecerme nada, hombre. Al fin y al cabo, es sólo un despojo inútil, un colgajo que de nada puede servirme en la tumba. De manera que te hago la cesión oficial. Si quieres, haré constar esta cláusula en mi testamento: «Dejo mi querida polla, con sus correspondientes huevos, a mi no menos querido amigo Vicente...»

–No es necesario. Bastará con que firmes un papelito en el que me hagas la donación. Ya sabes que hay gente muy religiosa, que se puede escandalizar y oponerse si me presento en tu casa con la pretensión de llevarme tu aparato genital.

–Es lógico. Lo mismo protestarían si pretendieses llevarte un aparato de radio –admitió Ramiro–. Redacta ahora mismo ese papelote, y te lo firmaré en seguida.

–No corre ninguna prisa, hombre –dice Vicente sacando un papel del bolsillo, pues ya lo traía redactado–. Quiera Dios que vivas muchos años todavía.

Pero Dios no quiso, y la verdad es que corría muchísima prisa. Porque a los poquísimos días de sostener esta conversación, Ramiro el *cascadeur*, cascó.

Estaba rodando un «western-paella» (nombre que yo doy a los «western-spaguetti» rodados en España), en el que doblaba al protagonista en una secuencia muy peligrosa: tenía que arrojarse desde lo alto de un precipicio al paso de un tren, para caer justo encima de un vagón cargado de arena. El vagón naturalmente estaba trucado, y debajo de una delgadísima capa de arena se ocultaba un cargamento de blandísima goma-espuma.

Pero el *cascadeur* no calculó que los trenes españoles siempre circulan con retraso. Así que, cuando llegó el momento de saltar desde lo alto del precipicio, él saltó puntualmente. Lo malo fue que el tren llevaba un retraso de media hora.

Así fue como el *cascadeur* cascó, porque no es lo mismo caer sobre un colchón de goma-espuma, que estrellarse sobre un par de vías mondas y más bien lirondas.

Al mismo tiempo que los organismos a los que Ramiro había cedido determinados órganos, retiró Vicente los que ya le pertenecían. Y los metió para conservarlos en el congelador de su nevera. Tuvo alguna dificultad para que la familia de Ramiro accediera a la extirpación, hasta aquel momento completamente insólita, pero los familiares cedieron al fin a la vista del documento de donación que había firmado el propietario del aparatoso aparato genital.

Porque el cipote del fallecido *cascadeur*, era verdaderamente una hermosura de cipote. Tan hermoso resultaba que el profesor Jean Auvent, cuando lo vio en el hospital de Creteil, comentó:

—Da pena que se desaproveche tanta hermosura.

Y aceptó implantar aquel admirable aparato en sustitución de la pilila, más bien modesta, de Vicente.

—¿No cree usted, doctor —preguntó Vicente—, que puede existir peligro de rechazo?

—Muy estúpido tendría que ser el organismo de usted para rechazar una implantación que lo mejora extraordinariamente —opinó Jean Auvent.

La operación fue un verdadero éxito; mucho mayor que la primera reimplantación efectuada en el mismo hospital por el mismo profesor, pues en aquella ocasión se echó a perder uno de los testículos reimplantados y en ésta, en cambio, los dos funcionaron perfectamente.

Vicente accedió a comparecer ante un pleno de la Academia de Medicina Francesa, pues le pareció justo que el autor de aquella hazaña quirúrgica presumiera de su proeza ante sus colegas. Al fin y al cabo el hecho no fue comentado por la prensa fuera de Francia, ya que no era el primer trasplante de esta índole que realizaba aquel cirujano, y Vicente pudo regresar a España sin que nadie sospechara lo que había estado haciendo en el país vecino. Porque a todos, incluida Gloria su mujer, les dijo que marchaba a Francia en viaje de negocios, negocios que por ser algo complicados le obligarían a permanecer varias semanas en la capital francesa. Por lo tanto nadie sospechó nada, y menos aún su esposa ya acostumbrada a esa clase de viajes.

Vicente, eufórico, dijo a su llegada que su presunto «negocio» le había salido bien, y que en vista de su éxito le había traído un regalo a Gloria.

—Pero no puedo dártelo hasta esta noche.

—¿Por qué no? —preguntó ella, con la curiosidad picada.

—Es una sorpresa.

—¿Sorpresa y además nocturna? —dedujo Gloria—. Pues alguna cochinada tendrá que ser. Viniendo como vienes de París...

—Según a lo que tú llames cochinada —guiñó un ojo Vicente, pillín.

—Algo pornográfico, supongo —dedujo ella—, relacionado con la cama.

—Relacionado con la cama sí que está.

—Pues ya sé: ¡un camisón!

–¡Qué vulgaridad, mujer!

–Hay camisones muy originales y atrevidos, que los franceses llaman «neglichés».

–Pues no. No es una «negliché», sino algo mucho más importante. –Y para que siguiera picándole la curiosidad, añadió–: Y más íntimo también.

–¡Jesús! –se escandalizó Gloria–. No será una de esas guarrerías eléctricas, que te las metes y se menean para hacerte cosquillas.

–No, mujer. No es una sorpresa con pilas, sino completamente natural.

–Pues no caigo.

–Ya caerás esta noche –sonrió Vicente, enigmático y ligeramente amenazador.

La noche llegó y la verdad es que Gloria estaba ansiosa de que llegara, para descubrir en qué consistía el misterioso regalito traído por su marido de la capital francesa. La curiosidad pica también a las mujeres mojigatas en apariencia, cuando se trata de picardías relacionadas con el sexo.

«Como haya tenido la desfachatez de traerme un vibrador –se anticipó a escandalizarse la buena señora–, haré que se lo meta en el culo, por cochino.»

Vicente, por su parte, se regodeaba de antemano pensando en la sorpresa que se llevaría su mujer al contemplar aquel cipote magnífico en el lugar que hasta entonces había ocupado su humilde pilila. Porque además, teniendo en cuenta que Vicente llevaba muchas semanas de abstinencia y estaba por lo tanto cachondo perdido, enseñaría su impresionante aparato en plena erección. Y ya se sabe que los cipotes erectos impresionan mucho más que en estado de flaccidez.

Aquella noche, presionada por la curiosidad, Gloria renunció a ver una película sensiblera y romanticoide que echaban en la «tele», y fue a acostarse mucho más temprano que de costumbre. Tampoco se puso rulos, como también acostumbraba, por si la sorpresa de su marido era verdaderamente eficaz y exigía un comportamiento más activo.

Ya en la cama y con la luz encendida, llamó a Vicente que estaba en el cuarto de baño preparándose también para acostarse.

—¿Cuándo me darás la sorpresa? —dejó caer la esposa, como quien no quiere la cosa.

—En seguida, mujer —prometió el marido entrando en la alcoba.

Entró en bata, listo para acostarse. Gloria, buena observadora y conocedora de las costumbres de su cónyuge, notó que no se había puesto el pijama debajo de la bata. Al observar igualmente que traía las manos vacías, tuvo un pequeño gesto de decepción.

—¿Y la sorpresa que ibas a darme? —preguntó.

—Ahora mismo voy a dártela —respondió Vicente, deteniéndose junto a la cama donde ella podía verle de cuerpo entero.

Entonces, despacio y sonriendo, deshizo el lazo que sujetaba el cinturón de la bata. Con movimientos estudiados y lentos, parecidos a los que realizan las artistas del *streeptease*, Vicente sacó el máximo partido a aquellos instantes de «suspense». Incluso movía un poco las caderas, siguiendo el ritmo de una música imaginaria. Y por fin, ante los ojos expectantes y llenos de curiosidad de su mujer, abrió la bata para exhibir su órgano magnífico y en todo el esplendor de una máxima erección.

Gloria quedó efectivamente sorprendida al verlo, y reconoció su magnific encia al exclamar con la mirada fija en aquel aparato impresionante:

–¡Caramba, Ramiro!...

«HURTO DE USO»

SEÑOR JUEZ MARTÍNEZ:

Observe que no me dirijo a cualquier juez en general sino a usted, señor juez Martínez, en particular. Por la sencilla razón de que me fío, por experiencia propia, de su estricto sentido de la justicia. A esto se debe que haya decidido entregarme a usted concretamente, y no al juez que hoy le toque estar de guardia. De manera que prepárese a recibir mi entrega, que efectuaré tan pronto como termine de redactar esta confesión.

Usted se preguntará, señor juez Martínez, por qué me he permitido elegirle de un modo tan particular y personal entre todos los miembros de la judicatura. Y yo me apresuro a responderle que tuve el gusto de conocer su rectitud a raíz de un hecho delictivo del que fui víctima, y que usted juzgó con infinita sabiduría. Aquel hecho puede resumirse así:

Soy propietario de un automóvil marca Mercedes, valorado entre pitos, flautas, aduanas, impuestos, etcétera, en cinco millones de pesetas. Este automóvil es el sueño de toda mi vida, y en su adquisición invertí todos los ahorros que fui capaz de reunir en muchos años de trabajo durísimo. Puedo decirle que mi Mercedes constituyc toda

69

mi fortuna y así comprenderá el valor inmenso que tiene para mí.

Pues bien: hace tres meses, un ladrón me robó el coche que había dejado estacionado a la puerta de mi casa. ¿Hace falta que le explique mi consternación?: ¡me habían robado cinco millones de pesetas! ¡Toda mi fortuna, señor juez Martínez! A punto estuve de morir a consecuencia de tan tremendo disgusto, pero gracias a Dios y a una medicación adecuada logré superar el amago de infarto que sufrí.

Desesperado y roto por el dolor de tan elevada pérdida, presenté a la policía la correspondiente denuncia. No recuerdo haber pasado jamás horas tan largas ni tan amargas como las que transcurrieron desde que denuncié el robo hasta que apareció el coche. Porque la policía, dada la magnitud de lo robado, hizo un auténtico despliegue de fuerzas. Y sólo tardó doce horas en capturar al ladrón con las manos en la masa. La masa en este caso era el Mercedes, cuyo volante tenía asido el ladrón con ambas manos en el momento de ser capturado por los guardias.

El coche me fue devuelto a mí con algunos kilómetros de más pero sin ningún desperfecto, y el ladrón le fue entregado a usted para ser juzgado.

Ignoro por completo el mecanismo legal, así como el criterio que la ley sigue para aplicar las penas a los delincuentes. Pero pese a mi ignorancia calculé que a un ladrón de cinco millones de pesetas, se le castigaría con inusitada dureza. Me parecía lógico que a un delincuente capaz de apoderarse de un bien ajeno valorado en una cifra tan considerable, se le condenase a una cadena bastante perpetua.

¿Se imagina mi perplejidad cuando supe la sentencia

que usted aplicó a ese mangante? Confieso que además de perplejo me sentí indignado, porque no me cabía en la cabeza que un delito tan grande pudiera merecer un castigo tan pequeño. ¡Ni tan siquiera una multa en metálico! ¡Sólo un arresto llamado mayor no sé por qué, puesto que no pasó en la cárcel ni un solo día! ¡O sea que después de haberme robado la friolera de cinco millones de pesetas, aquel bandido fue juzgado por usted y puesto en libertad con una condena puramente simbólica!

Pero mi indignación fue cediendo cuando algunos jurisconsultos amigos me sacaron de mi ignorancia, explicándome la sabiduría de su sentencia. Porque sólo un ignorante como yo pudo considerar injusto un juicio que fue ejemplar y modelo de justicia bien aplicada. Porque usted le aplicó al individuo el artículo «516 bis» del Código Penal, que es el idóneo para esos casos. Y en su justísima sentencia, demostró de un modo irrefutable que aquel individuo no era un ladrón que me había robado cinco millones, sino un granujilla que había cometido una leve falta que la ley llama con benevolencia «hurto de uso».

O sea que gracias a su pericia legislativa, señor juez Martínez, aprendí lo siguiente: que meterse dentro de un Mercedes ajeno y llevárselo a pasear por las carreteras durante algún tiempo, no es un delito grave sino una granujada insignificante. Tan insignificante que a su autor se le echa una buena regañina y se le pone de patitas en la calle. Y yo, como buen ciudadano que soy, acato la sabiduría de esta ley y aplaudo a los jueces tan sabios como usted que la aplican con toda justicia.

Pero el mundo da muchas vueltas, como usted sabe, y mire qué casualidad: si en el caso que acabo de recordarle yo fui la víctima de un «hurto de uso», resulta que ahora mismo soy el culpable de una falta idéntica. La denuncia contra mí ya ha sido presentada, y yo me dispongo a entregarme a usted para que me juzgue con la misma ecuanimidad y benevolencia que aplicó al «usuario» no autorizado de mi automóvil. Porque el caso en el que ahora estoy metido es tan semejante, que requiere el mismo tratamiento jurídico. Permítame que se lo exponga, puesto que usted va a ser el encargado de juzgarlo:

El caso es que a mí me gustaba muchísimo una señora casada que, por una de esas casualidades que se dan en la vida, tiene el mismo nombre que mi coche: Mercedes.

Tanto me gustaba Mercedes que ayer, al encontrármela sola en la calle, la llevé con engaños a dar un paseo por el campo. Y una vez allí, forzándola lo mismo que aquel granuja forzó la portezuela de mi Mercedes, disfruté de ella. Luego la dejé en libertad de que volviera a su casa, y eso fue todo.

¿Pues querrá usted creer que tanto ella como su marido están enfadadísimos? ¡Incluso me han denunciado con la pretensión de que me metan en la cárcel! ¡Pobres ignorantes! Todavía no saben lo que yo ya sé, gracias a lo cual estoy tranquilísimo.

Porque estará usted de acuerdo conmigo, señor juez Martínez, que en este caso puede aplicarse también el artículo «516 bis» del Código Penal. Está claro que yo no cometí un secuestro, ni una violación de propiedad ajena, sino un simple e inocente «hurto de uso». Lo mismo que aquel bribonzuelo se llevó mi Mercedes para usarlo unas horas, yo me llevé esta Mercedes para disfrutarla unos minutos. Si yo recuperé mi coche sin una abolladura, el marido de esta señora la recuperó también sin un rasguño. En ambos casos las propiedades hurtadas no sufrieron ningún daño, y fueron devueltas a sus legítimos propietarios con el inapreciable desgaste producido por una brevísima utilización. Estoy seguro, señor juez Martínez, que usted será conmigo más benévolo aún que con el granuja que hurtó mi coche. Porque si bien es verdad que ni él ni yo teníamos la intención de apropiarnos definitivamente las propiedades hurtadas, no puede dejar de influir en el rigor de la sentencia el valor de la propiedad que se hurta para disfrutarla. Y si mi Mercedes está valorado en cinco millones de pesetas, yo le aseguro a usted que la señora del mismo nombre, sin faja ni cruzado más o menos mágico, no vale nada.

Creo que con cinco semanitas de simbólico arresto mayor, voy bien servido. Y espero que su sentencia sentará jurisprudencia. Si no es delito hurtar una valiosa joya de la mecánica para darse un garbeo, ¿es justo que lo sea divertirse con una birria de señora dándole un meneo?

A su criterio lo dejo, señor juez Martínez, y en sus manos me pongo con la tranquilidad de saber que será usted tan justo en esta ocasión como lo fue en la anterior.

PASEO POR LA MEDINA

Sí, NILS: es nuestro hijo. No ha habido ninguna confusión. Es lógico que el director se indignara cuando le acusaste de haber cometido un error, pues en una clínica de tanta categoría como ésta no pueden darle a una parturienta el niño de otra. Eso quizá ocurra en un hospital barato, pero no en la clínica de maternidad más cara de Estocolmo. De manera que cálmate y deja que yo te explique. Siéntate a los pies de mi cama mientras el niño duerme en su cuna. porque la explicación será forzosamente un poco larga.

Tengo que remontarme a nuestra luna de miel; a aquel viaje maravilloso en el que recorrimos Marruecos. La idea de ir allí fue tuya y a mí me pareció genial. ¡Salir de la helada primavera sueca para visitar un país en el que la temperatura es verdaderamente primaveral! ¡Y ver ciudades tan exóticas como Tetuán, Fez, Marrakech, Casablanca, Rabat! Y verlas tan bien como las vimos, en un *tour* perfectamente organizado, con un grupo de compatriotas simpatiquísimos, en un autocar con aire acondicionado y con un guía tan culto como documentado que nos lo explicaba todo en sueco...

Fue un viaje inolvidable para el grupo completo, y especialmente para mí. La visita a Fez, concretamente, no la olvidaré jamás. ¿Recuerdas el largo paseo a pie que dimos por las callejuelas de la medina?

Quizá no te acuerdes demasiado porque aquel día bebiste mucho a la hora de almorzar. Como bebéis todos los suecos cuando estáis en algún país donde el alcohol es diez veces más barato que en Suecia.

Eran las cuatro de la tarde cuando el autocar nos dejó junto a una puerta de la muralla de la antigua «casbah», por la cual entramos a recorrer las callejuelas de la medina. El guía recomendó a todos los componentes del grupo que no nos alejáramos de él, pues la medina es un barrio muy grande y tortuoso en el cual es tan fácil perderse como en los vericuetos de un laberinto.

¿Recuerdas que el guía puso su gorra en la punta de un bastón, y la alzaba por encima de su cabeza para que todos pudiéramos verla y seguirla sin perdernos? Así fuimos adentrándonos por aquellas callejas de estrechez y suciedad increíbles, entre una multitud entrapajada con prendas sumamente típicas y sumamente guarras también. Para nosotros, escandinavos limpios y ordenadísimos, aquella anarquía maloliente y antihigiénica resultaba fascinante.

Nos cabía difícilmente en nuestras cabezas civilizadas que unos congéneres, puesto que no cabe duda de que los marroquíes son seres casi tan humanos como nosotros, pudieran vivir en condiciones que incluso resultaría benévolo calificar de infrahumanas.

Sólo viendo de cerca el tercer mundo, los europeos nos damos cuenta de que vivimos en el primero. Un siglo largo, y quizá me quede corta, separa cualquier tienda sueca de estos tenderetes morunos en los que los comestibles, para protegerlos de los salivazos del público, se exhiben cubiertos por un velo de moscas. De manera que la

protección es aún más repugnante que los artículos prote-
gidos.

Casi una hora anduvimos subiendo y bajando por calles angostas, contemplando estas miserias mostradas no
sólo sin pudor, sino con orgullo de pueblo que se jacta de
su tipismo.

Calculo que estaríamos en el corazón de la medina
cuando el guía nos invitó a visitar un patio pestilente, dedicado a la industria de teñir pieles de borrego por procedimientos prehistóricos. Tan fuerte era el hedor producí-
do por aquel meritorio trabajo de artesanía, que opté por
quedarme en la calle y no entrar en el patio con todo el
grupo. Cerca de allí había una tienda de babuchas, y decidí comprarme un par mientras esperaba a que terminase
vuestra apestosa visita.

Yo no sabía que a aquel patio infecto se entraba por
una puerta y se salía por otra, razón por la cual estuve
media hora en la tienda de babuchas sin ver salir al grupo.
Así fue como perdí el contacto con vosotros. Y así fue
también como empezó mi odisea.

Pude comprobar entonces que el guía tenía razón, que
la medina de Fez es un verdadero laberinto dentro del
cual puedes dar vueltas y más vueltas sin encontrar la salida. Empecé a andar de prisa para impedir que los vende-
dores ambulantes me detuvieran para ofrecerme sus por-
querías. Mendigos de todas las edades me tendían sus
manos sucias pidiéndome limosna. A veces tenía que pe-
garme a una pared para dejar pasar a una mula cargada
con un armario, a un caballejo con las patas vencidas por
el peso de unos fardos enormes, a un rebaño de cabras fa-
mélicas, a un borrico con dos odres de agua...

Renuncié a preguntar la forma de salir de allí porque
comprendí que preguntándolo en sueco nadie me iba a

entender. Pensé que siguiendo en línea recta en la misma dirección, acabaría por llegar al final de aquel conglomerado de habitáculos inverosímiles.

Pero la rectitud no existía en el trazado de aquel laberinto infernal, y después de andar mucho tiempo volvía a tropezarme con las mismas basuras, con los mismos tipos entrapajados, con los mismos tenderetes cubiertos de moscas.

Alta como soy, rubia y vestida de blanco, no podía pasar inadvertida entre aquella muchedumbre bajita, renegrida y cubierta de trapos multicolores.

Anduve por lo menos tres horas, bajando y subiendo cuestas, metiéndome en charcos de agua nauseabunda, pisando restos podridos de comida, torciéndome los pies en piedras, agujeros y canalillos de desagüe. Y con la desesperación creciente de no llegar a ninguna parte; sin lograr salir de aquel inframundo que había dejado de ser típico y empezaba a ser cada vez más amenazador.

Porque la tarde iba cayendo, y las sombras de la noche se iban apoderando de aquel panal gigantesco en el que los seres humanos viven y pululan como insectos. Al disminuir la luz, aumentó la audacia de la gentuza que se cruzaba conmigo.

Gentuza de otras épocas, de película medieval dirigida por Pasolini. Gentuza desdentada, polvorienta y maloliente, que al principio sólo me decía cosas al pasar en jergas incomprensibles, pero que al oscurecerse las callejas trataban de cortarme el paso, de tocarme y pellizcarme.

Yo me defendía empujando a los que obstaculizaban mi marcha, abriéndome camino a codazos y corriendo cuando veía ante mí unos metros libres de obstáculos.

Ya era casi de noche cuando me detuve a descansar en el quicio de una puerta cerrada, junto al farol de una dulcería ante la cual unos golfillos harapientos acechaban la ocasión de robar algún dulce. Los pies me dolían y notaba la ropa sucia por mis roces involuntarios con los habitantes de la medina.

Dos hombres jóvenes, tan altos como yo y casi negros, se plantaron ante mí, y me dijeron cosas en voz baja. Barbaridades supuse por el brillo de sus ojos y por sus sonrisas que dejaban al descubierto unas dentaduras blanquísimas. Les rogué que me dejaran en paz, pero mi ruego en sueco les hizo muchísima gracia y se echaron a reír aproximándose más a mí, hasta rozarme el cuerpo con sus manos y el rostro con sus alientos.

Intenté escapar, pero ellos cubrían el hueco en el que me había metido. Y al apoyarme en la puerta que tenía a mis espaldas, ésta se abrió hacia el interior de la casa.

No llegué a perder el equilibrio, pero al retroceder unos pasos me encontré dentro de un zaguán sumido en la más completa oscuridad. Los dos hombres, sorprendidos por la inesperada apertura de la puerta, permanecieron un instante indecisos ante el hueco tenebroso por el que yo acababa de desaparecer.

Aproveché esos segundos de indecisión para darme cuenta de que me había metido en una ratonera, pues el zaguán sólo tenía un par de metros de profundidad y conducía a otra puerta cerrada. No había más escapatoria que intentar salir por donde había entrado, lo cual era imposible porque allí estaban los dos hombres cerrándome el paso. Quise gritar, pero imagino que el miedo y el cansancio impidieron que el grito saliera de mi garganta.

Y los dos hombres, al darse cuenta de que me tenían atrapada, entraron en el zaguán. Los dos eran jóvenes y fuertes. Y aunque luché con ellos desesperadamente, lograron sujetarme y derribarme.

Una vez en el suelo, mientras uno continuaba sujetándome, el otro me violó. Aunque no puedo asegurarlo pues la oscuridad era completa, imagino que el primer violador cambió de puesto con el que me sujetaba para que éste pudiera violarme a su vez. Te aseguro, Nils, que hice todo lo humanamente posible por evitarlo, aunque te confieso que tampoco quise correr el riesgo de que me mataran si me oponía a sus intenciones con demasiada violencia.

Consumada la doble violación, aquellos canallas huyeron dejándome tirada en el suelo. Me levanté y salí a la calle, en el estado que puedes imaginarte. Por fortuna, ya era completamente de noche, y las callejas de la asquerosa medina estaban tan oscuras que nadie podía verme.

Tan perdida como antes, elegí al azar una dirección para tratar de salir de aquel laberinto. Y apenas había recorrido cincuenta metros, cuando me encontré ante una puerta de la muralla que rodea ese barrio repulsivo.

¡Imagínate qué mala suerte, Nils!: ¡sólo cincuenta metros me separaban de la salvación cuando me atropellaron esos sinvergüenzas!

Fuera ya de la medina tomé un taxi que me condujo al hotel. Tú apenas te diste cuenta de lo que había tardado en volver del paseo, porque cuando llegaste con el grupo te metiste en el bar a emborracharte como de costumbre. Pero quizá recuerdes que aquella noche, a pesar de lo borracho que estabas, me empeñé en hacer el amor contigo. Quería borrar las huellas que habían dejado dentro de mí aquellos animales. Quise borrarlas una y otra vez durante todo el viaje, e incluso te supliqué que no bebieras para que me amaras con más frecuencia y potencia.

Pero las huellas, por desgracia, no se han borrado: a los nueve meses justos de aquel nefasto paseo por la medina, he dado a luz un niño moreno y casi negroide, con una pinta de berebere que quita el hipo. ¿Ya qué podemos hacer, querido Nils? Tendremos que resignarnos y conservar toda la vida este recuerdo de nuestra luna de miel en Marruecos.

LOS RECUERDOS DE MIS VIAJES

He sido un viajero infatigable. Puedo decir sin vanidad ni exageración que conozco el mundo entero, desde las ciudades más deslumbradoras a los rincones más sórdidos, desde los soles tropicales a los fríos glaciales. Setenta de los ochenta y cinco años que tengo ahora, los dediqué a recorrer las cinco partes del mundo. Incluso las seis, si tenemos en cuenta que los mares constituyen una parte importante del planeta, y también los recorrí. Y conservo de todos mis viajes recuerdos imperecederos.

–¿Pero dónde diablos están esos recuerdos? –me preguntan los visitantes que vienen a la casa donde me propongo pasar el resto de mis días, pues ya soy un trotamundos que no está para muchos trotes.

Esta pregunta nace de la extrañeza que les produce ver mis paredes y mis muebles desnudos, limpios de objetos y cachivaches exóticos que sirven de recordatorios a otros hombres que han viajado mucho menos que yo. Y yo comprendo su perplejidad ante la desnudez de mi casa, porque es cierto que yo no tengo ni una sola de esas piezas tópicas que suelen acumularse en los domicilios de todos los viajeros corrientes. Yo no poseo ni una alfombra persa, ni un icono ruso, ni un ídolo africano, ni un búcaro chino, ni una gaita escocesa, ni una castañuela andaluza, ni una pulsera egipcia, ni una cimitarra turca, ni un poncho argentino, ni un etcétera, etcétera.

Mis recuerdos no son los clásicos que puede coleccionar cualquier turista vulgar, a base de baratijas compradas en tiendas de *souvenirs*. Mis recuerdos son inolvidables porque están dentro de mí, ligados a mi persona con lazos indestructibles que no me abandonarán mientras viva.

El poder evocador de una chuchería hecha por los artesanos de cualquier país, es ínfimo si se compara con los recuerdos entrañables, grabados profundamente en mi carne, que yo acumulé en mis largos recorridos por el planeta.

De mi estancia en las montañas del Perú, conservo los vestigios de una sífilis pertinaz que me dejó media cabeza calva. A las cimas y llamas peruanas que yo frecuenté en aquel viaje no había llegado aún el gran medicamento inventado en los laboratorios europeos, y los emplastos de hierbas que usaban los indios no lograron salvarme de una calvicie parcial.

En la India de los hindúes, gracias al *curry* y a otras especias de la sabrosa cocina local, contraje una hermosa úlcera de duodeno, ardiente y roja como un rubí de gran tamaño, que me acompañará hasta el fin de mis días. Gracias a ella, que me produce dolorosas punzadas y frecuentes hemorragias internas, jamás olvidaré mi larga estancia en ese maravilloso y misterioso país.

Inolvidable es también para mí la expedición al Amazonas, río que recorrí desde la desembocadura donde muere hasta el manantial donde nace. ¿Cómo puedo olvidar ese apasionante viaje fluvial si unas fiebres tropicales intermitentes e incurables, que me asaltan periódicamente, se encargan de recordármelo?

También la quinina a la que recurro durante esos asaltos para bajar el termómetro, que sube vertiginosamente hasta por encima de los cuarenta grados, trae a mi memoria con toda nitidez los paisajes lujuriantes de las cálidas selvas amazónicas.

Tampoco olvido mi crucero a las costas de Groenlandia, gracias a una bronquitis crónica que allí pesqué. Cuando los ataques de tos me sacuden como a un pelele, convulsionándome y retorciéndome, no tengo más remedio que acordarme de aquellos bellísimos hielos árticos y de la madre que los parió, a los que debo el tener los bronquios destrozados.

Imborrable es igualmente la memoria que conservo de mi recorrido por el corazón de África, del que me traje unas manchas en la piel que no hay quien las borre. Estas manchas, producidas por hongos minúsculos que ningún tratamiento dermatológico ha logrado eliminar, son como mapas indelebles de aquellas tierras inhóspitas y exóticas en las que viví durante varios meses. Ni siquiera necesito mirarlas para recordar aquella etapa africana, porque esos hongos pican como demonios. Y cuando me rasco, me acuerdo de la madre que parió a todas las tribus negras que visité.

De un invierno que pasé en Siberia, recorriéndola desde los Urales hasta Irkutsk, guardo el *souvenir* de una artrosis deformante y progresiva, que progresa muy lentamente y mantiene siempre frescas en mi memoria las imágenes de las estepas heladas que visité.

Hice también en mi vida viajes más cortos, de los que guardo recuerdos menos intensos aunque igualmente permanentes.

De Noruega, por ejemplo, me quedaron unos cuantos sabañones que me florecen todos los inviernos y me hacen pensar en todos los hermosísimos *fjords* que visité.

Un amago de cataratas en el ojo izquierdo, que me chincha durante el verano cuando el sol brilla con más intensidad, me permite no olvidar jamás una maravillosa travesía de las infinitas arenas del Sahara a lomos, o mejor dicho a jorobas, de camello.

De mis cruceros por distintos océanos y mares, me han quedado unas punzadas reumáticas en todas las articulaciones que me quitan el sueño durante muchas noches, permitiéndome rememorar a lo largo de esos interminables insomnios mis fabulosas singladuras por el Índico, el Caribe y el Pacífico.

¿No soy acaso el más afortunado de todos los viajeros, puesto que conservo unos recuerdos tan intensos, tan ligados a mi persona, que jamás podré olvidar ninguno de mis viajes? Y sin necesidad de haber hecho fotografías, ni de haber comprado chucherías.

LOS AÑOS Y LAS URNAS

PUES SÍ, SEÑOR, está muy bien que la edad de votar se haya adelantado a los dieciocho años. Y más podría adelantarse, a la vista de lo precoces que son los jovenzuelos actuales. Porque hoy en día los niñatos de ambos sexos se las saben todas.

Hay quinceañeras que saben de píldoras más que sus madres, y mocitos todavía granujientos que han «viajado» lo suyo a lomos de un «porro». La precocidad les ha venido por vía oral, o sea por la alimentación moderna reforzada con vitaminas, hormonas y otros aditamentos minúsculos que despabilan al más tontaina.

Más por el sistema alimenticio que por el educativo, pues este último es aún muy deficiente en el país, las nuevas generaciones saltan de la infancia a la madurez sin pasar apenas por ese período intermedio llamado adolescencia.

El niño contemporáneo pasa del pantalón corto al largo. Y no como el niño antiguo, que entre estos dos pantalones usaba un modelo de transición, bastante ridículo por cierto, llamado bombacho. Entre el corto y el largo estaba el bombacho, porque entre el niño y el hombre estaba el adolescente.

Pero ya he dicho que los alimentos vitaminados y reforzados, acabaron con los adolescentes y los bombachos. Un joven de dieciocho años, e incluso de algunos menos, es ya un hombre con madurez suficiente para vivir y por lo tanto para votar.

Di siempre la razón a los jóvenes que reclamaban el derecho al voto, porque es lógico que participen en la organización del mundo en el que van a integrarse desde el principio de sus vidas.

Pero sugiero que, al tiempo que se les concede el permiso para votar, se les debe exigir la obligación de trabajar. No parece muy justo que unos jovenzuelos que aún viven a costa de sus papás, puedan votar en contra de las creencias de esos papás que les sostienen. Si un papá es derechista, por ejemplo, ¿puede consentir que sus tiernos vástagos, a los que él todavía da albergue y alimento, voten a las izquierdas? ¿No es un contrasentido seguir alimentando a un enemigo político que atenta contra las ideas del hombre que le nutre?

Matícese por lo tanto la concesión del voto a los niñatos, imponiéndoles estas condiciones:

Primera: Podrán votar libremente todos los jóvenes de ambos sexos que habiendo cumplido los dieciocho años, tengan algún empleo o realicen algún trabajo que les permita vivir por su cuenta y sin depender económicamente de sus familias.

Segunda: Podrán votar también todos los jóvenes de ambos sexos que, habiendo cumplido los dieciocho años, vivan con sus familias y dependan de ellas económicamente. Pero estos jóvenes de ambos sexos tendrán la obligación de votar lo que manden sus padres, puesto que ellos les mantienen y de ellos dependen.

Hecha esta justísima matización, debe considerarse también otro aspecto del problema años-urnas. Helo aquí:

Si es plausible y natural que los jóvenes voten, por ser ellos la savia nueva que viene a robustecer el tronco de la sociedad, hay un sector social al que debe retirársele el voto: me refiero a las «clases pasivas». Su mismo nombre indica la posición que ocupan en la sociedad. Han quedado al margen de toda actividad. No rinden. No cuentan. Admito que el jubilado tiene derecho, no sólo a vivir, sino a vivir bien. Y pido desde aquí que se incrementen sus pensiones para que su vida alcance la categoría de vidorra.

Pero es absurdo que el jubilado siga participando con su voto en la organización de una sociedad en cuyas actividades ya no participa. La jubilación es quedarse al margen de la competición vital. Y votar es participar.

Creo por lo tanto que el voto debe reservarse para los que compiten, para los que están en el ajo. No digo yo que el vivo al bollo y el jubilado al hoyo, porque deseo muy larga vida a todas las clases pasivas del país. Pero puesto que están al margen del bollo, no es tolerable que participen con su voto para embrollarlo más todavía.

Hay un ejemplo en todas nuestras familias, que a escala familiar viene a ser lo mismo que el problema de los jubilados a escala nacional: esa anciana tía que todos tenemos o ese abuelito que vive con nosotros pero que ya no hace nada, no tienen voz ni voto a la hora de las decisiones familiares. ¡Estaría bueno que opinaran encima de que nada producen!

Me parece que las tesis defendidas en este ensayo son irrebatibles, y contribuirán a hacer más justa esta democracia que todos deseamos y que algún día disfrutaremos:

que voten los útiles hombres del mañana, pero que dejen de votar los inútiles jubilados del ayer.

Y termino con un grito, que siempre hace bonito: ¡Las urnas, para los que trabajan!

EL CRUCERO DE OTTO Y FRIDA

DIARIO DE FRIDA, LUNES

Todavía no me lo creo: ¡estamos en Venecia!

Llegamos esta mañana en avión para embarcar en el *Regina*, que zarpará esta noche. Estoy tan emocionada y tan ansiosa de verlo todo, que no he parpadeado ni una sola vez. Mantengo los ojos constantemente abiertos para que nada se me escape. ¡Lástima no tener un ojo en la nuca para tener una visión más completa!

Venecia es tan maravillosa que no se puede poner la vista en ninguna parte sin tropezar con alguna maravilla. Yo creí que en eso de los canales se exageraba un poco, pero resulta que no: los hay de todas las anchuras y longitudes. Desde amplios canalones hasta angostos canalillos.

Lo primero que hice, como es natural, fue pedirle a Otto que me llevara a dar un paseo en góndola. A él no le hizo demasiada gracia la idea porque estaba lloviendo mucho, y le parecía que ya teníamos bastante agua con la que nos estaba cayendo encima. Pero yo le dije que no fuera prosaico, que el sueño de todas las parejas del mundo es pasear en góndola por los canales venecianos.

La verdad es que el paseo no resultó demasiado romántico, porque la única góndola libre que encontramos no tenía capota y tuvimos que ir los dos debajo de un paraguas que nos prestó el gondolero. Pero la felicidad interna hace olvidar toda incomodidad externa. ¡Y yo me siento tan feliz por dentro!

Otto me dio la gran sorpresa de mi vida al anunciarme que íbamos a hacer este viaje fabuloso. ¡Hacía tanto tiempo que no salíamos de Schweinerei, el pequeño pueblo prusiano en el que vivimos desde que nos casamos! Casi veinte años metidos en ese agujero, y de pronto:

—Haz las maletas, que nos vamos a hacer un crucero de ensueño.

Así, de golpe y porrazo, sin ningún motivo que justificara esa decisión repentina. Porque no teníamos ninguna fecha que celebrar. Ni ninguna alegría tampoco, pues la verdad es que nuestro matrimonio ha sido bastante triste. Otto es un hombre frío y duro, como todos los fabricantes de salchichas, y no puedo decir que haya alcanzado junto a él un elevado porcentaje de felicidad.

Pero más vale tarde que nunca. Es posible que este viaje sea el preludio de un amor tardío que haya vuelto a florecer en el corazón de mi marido. Porque también es verdad que los salchicheros, en el fondo, son muy románticos. Hoy, en la góndola, como la pequeñez del paraguas nos obligaba a estar muy juntitos para protegernos de la lluvia, parecíamos una romantiquísima pareja de recién casados.

DIARIO DE OTTO, LUNES

Picó como una tonta y estamos en Venecia. Lo bastante lejos de Schweinerei para que pueda consagrarme a realizar mi plan con toda tranquilidad.

Y desde esta noche, cuando el *Regina* zarpe, la distancia que nos separará del pueblo será cada vez mayor. Y cuanto más lejos, mejor.

A mí esto de viajar me da cien patadas, y con razón. Siempre que viajo, aparte de las incomodidades que originan todos los desplazamientos, me llevo un chasco tremendo. Resulta que la tan cacareada Venecia es tan gris, tan húmeda y lluviosa como Hamburgo. O quizá más todavía porque las calles de Hamburgo, aunque mojadas, no están inundadas y se puede circular por ellas andando. Aquí en cambio hay que ir en barca a todas partes, y la ciudad tiene el aspecto triste y angustioso de estar sufriendo una inundación permanente.

Frida se empeñó en que diéramos un paseo a bordo de una de estas barquichuelas, y no pillamos una pulmonía de milagro. A Venecia hay que venir con traje de buzo y escafandra si no quieres que la humedad se te meta en los huesos y te atice un reumatismo de no te menees.

Tengo que fingir que me entusiasma este sitio infecto para que Frida no sospeche. Porque a ella le extrañó muchísimo que yo le propusiera hacer este crucero, sin venir a cuento y sabiendo como sabe lo mucho que he detestado siempre salir de Schweinerei. Porque la verdad es que yo sólo soy feliz allí, en mi fábrica de salchichas, y volveré a serlo cuando vuelva a Schweinerei... sin Frida.

Debo por lo tanto disimular para que crea que organicé este viaje de placer para complacerla, y no para deshacerme de ella.

¡Diecinueve años aguantando a esta pelmaza! Pero ya no aguanto más, y mucho menos desde que Erika apareció en mi vida. Teniendo en cuenta lo difícil que es acabar con una esposa en un pueblo pequeño, donde la gente es tan fisgona y chismosa, se me ocurrió esta idea genial: ¡es tan fácil que ocurra un accidente durante un largo viaje! Y más fácil aún si se viaja en barco. ¡El mar es tan inmenso, y tan frecuente el riesgo de caerse por la borda en una noche oscura!...

No resulta difícil tampoco desaparecer durante la escala en un puerto exótico, donde hay tantísimos maleantes. En un crucero surgen constantemente oportunidades para deshacerse de una persona sin despertar sospechas. Y eso es lo que yo haré: permanecer al acecho, para aprovechar una buena oportunidad.

DIARIO DE FRIDA, MARTES

El barco es mucho más grande de lo que yo suponía.

Lo bueno de no haber salido nunca de un pueblecillo pequeñajo, es que todo le parece a una grandioso. Y en materia de barcos más aún, porque todos los que vi en mi vida fue desde lejos. Y ya se sabe que desde cualquier costa, todos los barcos que se ven navegando por el horizonte parecen barquitos en miniatura para jugar en la bañera.

Nuestro camarote en cambio es bastante pequeño y anoche se movió horrores, porque al salir de Venecia pillamos un oleaje que a mí me pareció una verdadera tempestad. Me asusté e incluso vomité un poco, y me imagino que seguiré asustándome y vomitando hasta que me acostumbre al meneo.

Otto en cambio, como si nada. Se pasó la noche durmiendo encima de mí literalmente. Y digo literalmente porque el camarote tiene dos literas superpuestas, y él durmió en la de arriba.

DIARIO DE OTTO, MARTES

El *Regina* es un buque viejo, de mediano tonelaje. Se come mucho y bien, como en casi todos los cruceros, porque comer es la única distracción que tiene el crucerista para matar el aburrimiento de los largos e interminables días de navegación.

Lo malo es que la cocina del *Regina* es más bien griega, a base de salsejas y picantes que a mí me sientan como un tiro de máuser. Por fortuna me traje una buena provisión de salchichas de mi fábrica, con las que sustituiré las indigestas piruetas gastronómicas del cocinero.

En el camarote me llevé un disgusto gordo al comprobar que el ojo de buey no se puede abrir. ¡Maldita sea! ¿Y para esto me gasté un dineral eligiendo un camarote exterior con una lucerna amplia?

Pudieron advertirme que el barco tiene un sistema general de aire acondicionado, razón por la que todas sus ventanas están herméticamente cerradas.

Imposible por lo tanto asomarse a ver el mar, o a vomitar sencillamente al sentir un mareo. Y ésa fue mi idea al elegir este camarote: aprovechar una ocasión en que Frida se asomara, para asomarla más todavía. ¡Es tan fácil que una señora se caiga al mar cuando está mareada!...

Anoche, sin ir más lejos, Frida estaba mareadísima. ¡Si el condenado ojo de buey hubiera podido abrirse, es posible que el asunto que me trajo al crucero estuviera ya liquidado!

Furioso por este primer contratiempo, me dormí para no ver a Frida que vomitaba en el lavabo como una cerda.

Y soñé con Erika, que me espera en Schweinerei con los brazos abiertos.

DIARIO DE FRIDA, MIÉRCOLES

A primeras horas de la tarde, hemos llegado a un puerto situado en un pequeña isla griega. Una monada de isla, toda llena de cabras y de borricos.

¡Cuánto se aprende viajando! El borrico, animal desconocido en Alemania, viene a ser como un caballo subnormal con orejas de conejo.

Todos los viajeros hemos desembarcado para hacer fotografías, que es lo único que puede hacerse en esta isla. El paisaje, rocoso y más bien pelado, es gris. Sin duda porque los turistas, a fuerza de fotografiarlo, le han ido robando los colores que tenía hasta dejarlo completamente decolorado.

La gracia de esta isla es un templo ruinoso, griego naturalmente, que está en lo alto de un monte bastante escarpado. La única forma de llegar hasta las ruinas es a lomos de los borricos, por unos caminos estrechos que sólo ellos y las cabras pueden recorrer con ciertas garantías de no despeñarse por un precipicio.

A mí, la verdad, me daba muchísimo miedo montar en uno de esos animalejos que tenían un aspecto más bien canijo y desnutrido. Pero Otto me convenció, pues fueron muchos los cruceristas que alquilaron borricos para subir hasta el templo.

Total: que entre risas y grititos medrosos, me encaramé en una de esas bestezuelas. También Otto alquiló otro borrico, que montó con suma facilidad y sin tantos aspavientos como yo, y nos unimos a la expedición cuya meta era la cima del monte.

Otto y yo éramos los últimos de la fila que, de uno en uno, empezó a remontar el angosto y peligroso camino. Pero por fortuna los borricos se lo conocían a la perfección, y avanzaban por la empinada y pedregosa cuesta con gran seguridad, sin que los jinetes tuviéramos que molestarnos en guiarles con las riendas.

A la media hora de ascensión, a mi borrico se le apeteció un matorral verde que había crecido al borde del camino, por la parte del precipicio, y se detuvo a comérselo. Me llevé un susto tremendo porque ya dije que el borde del camino era también el borde de un acantilado profundísimo, del que sólo nos separaban unos cuantos centímetros.

Pedí socorro a Otto, que venía detrás de mí, y él se apresuró a apearse de su borrico para correr a ayudarme.

–No te preocupes –me tranquilizó–. Tú quédate quieta, que yo tiraré del animal para que deje de comer y vuelva al camino.

Yo le obedecí y no me moví, pero no sé lo que hizo Otto a mis espaldas. El caso es que el borrico, en lugar de retroceder, avanzó más hacia el abismo. Como si Otto, en vez de tirar de él, estuviera empujándole. Por un momento creí que había doblado sus patas delanteras, pero lo que hizo en realidad fue levantar bruscamente sus patas traseras para propinar una de esas patadas típicas de las caballerías que reciben el nombre de coz.

La coz no alcanzó de lleno a mi pobre Otto, porque a estas horas yo sería viuda, pero sí le tocó de refilón y con fuerza suficiente para derribarle panza arriba en mitad del camino.

En vista de lo cual desistimos de continuar la ascensión hasta las ruinas del templo, y regresamos al barco para que el médico de a bordo curara a Otto las heridas y traumatismos que la coz le había producido.

Huelga decir que regresamos a pie, abandonando a esos borricos salvajes que a punto estuvieron de provocar una tragedia.

DIARIO DE OTTO, MIÉRCOLES

Magnífica oportunidad fallada por culpa de una bestia.

Una isla asquerosa en la que hemos hecho escala para que el pasaje desfogue sus afanes fotográficos, ha estado a punto de convertirse en el escenario ideal para deshacerme de Frida.

Difícil será reunir circunstancias e ingredientes tan propicios y bien ensamblados: una ascensión en borrico a una mierda de templo derruido, por caminos estrechos que bordean acantilados escalofriantes.

Convencí a Frida de que hiciéramos tan estúpida y peligrosa ascensión, fingiendo un entusiasmo que jamás he sentido por las ruinas griegas. Y me las arreglé para que nuestras monturas fueran las últimas de la comitiva, con el fin de que nadie pudiera ver el accidente que yo pensaba provocar.

Tan buena suerte tuve que a la media hora de ascender por la montaña, la bestia de mi cónyuge (o sea la que ella montaba), se detuvo. Y se puso a pastar a dos palmos de un abismo que tendría por lo menos cien metros de profundidad.

¡Así se las ponían a un rey español llamado Fernando VII!

Frida se asustó muchísimo y temblaba como un flan encima del animal.

–No te preocupes –la tranquilicé mientras desmontaba de mi borrico–. Tú quédate quieta, que yo tiraré del animal para que deje de comer y vuelva al camino.

No tiré del animal, como es natural. Lo que hice fue apoyar mis manos en sus cuartos traseros, o sea en su culo, y empujarle hacia el abismo.

Pero mi desconocimiento de esas bestias, que sólo existen en los países del tercer mundo, hizo que infravalorara su fuerza física. ¿Quién podía suponer que un animalucho tan pequeño y de patas tan endebles, podría resistir el empujón de un animalote como yo? Y no sólo resistirlo, sino rechazarlo mediante una velocísima patada de potencia insólita, que si me alcanza de lleno acaba conmigo.

El médico del barco, mientras me cubría gran parte del cuerpo con vendas y esparadrapos, me dijo que a la coz del borrico le faltaron solamente seis centímetros de puntería para ser mortal. Aunque a pesar de los vendajes podré moverme, tardaré algunos días en reponerme.

A ver si tengo más suerte la próxima vez.

DIARIO DE FRIDA, JUEVES

Día de los llamados «de navegación», que significa que no se toca en ningún puerto.

Los cruceristas matan el tiempo en las cubiertas, tomando un sol intermitente que se oculta entre nubes a cada momento. Toman también tazas de caldo y piscolabis que los camareros no paran de servir, para hacer olvidar la marejada y el ventarrón que sacuden el barco como si fuera un cascarón de nuez.

No he logrado todavía evitar el mareo que me produce el meneo, pero sí he logrado vomitar por la borda que me pilla más cerca con auténtica pericia marinera.

Otto se porta maravillosamente conmigo, pues en cuanto me acerco a la borda él me levanta en vilo y me hace sacar medio cuerpo fuera del barco para que mi vomitona caiga al mar y no manche la cubierta.

También, para que yo me distraiga y me sobreponga al mareo, me lleva a visitar las zonas más pintorescas del barco y también las más peligrosas. Por una escalerilla incomodísima hemos subido hasta lo alto de la chimenea, y menos mal que allí encontré una barra a la que pude agarrarme con todas mis fuerzas para dominar el vértigo que me entró.

Mientras Otto me aconsejaba que me soltase para ver la vista con más soltura, yo me puse a gritar pidiendo socorro hasta que subieron a rescatarnos varios marineros de la tripulación.

Los marineros nos regañaron porque por lo visto está prohibido que los pasajeros trepen a la chimenea, y Otto se enfadó diciendo que como él había pagado tenía derecho a pasearse por donde le diese la gana.

En vista de lo cual se empeñó en llevarme a visitar la sala de máquinas, que por lo visto está prohibido también. Pero Otto es muy terco, como todos los fabricantes de salchichas, y me hizo bajar hasta las tripas más recónditas del barco, donde están todos los mecanismos que lo mueven.

¡Y qué mecanismos, madre mía! Cuando nos colamos en la sala por una puertecilla metálica en la que podía leerse «Se prohíbe el paso» en todos los idiomas, lo primero que noté fue un calor abrasador y lo segundo un estrépito ensordecedor.

Quise salir corriendo de aquel infierno pero Otto había cerrado la puerta detrás de nosotros y me agarró de un brazo para impedirme retroceder.

Tan fuerte era el ruido que hacía aquella maquinaria gigantesca, que era inútil hablar. No pude explicarle a Otto que a mí me gustan los barcos, pero que no me interesa saber cómo funcionan. Aquella sala además era peligrosísima, pues la maquinaria tenía unos émbolos y unos engranajes tremendos que se movían a nuestro alrededor y podían aplastarnos al menor descuido.

Otto no parecía darse cuenta de este peligro, y tiraba de mí para conducirme por una pasarela hasta el centro de la sala, donde las piezas en movimiento eran más grandes y amenazadoras. Yo le gritaba inútilmente que tuviera cuidado, porque la pasarela estaba cubierta de aceite que la hacía sumamente resbaladiza.

Y de pronto resbalé...

DIARIO DE FRIDA, VIERNES

Ayer, al resbalar en la sala de máquinas, caí de espaldas. Y al chocar mi cabeza contra la pasarela, perdí el conocimiento.

Lo malo fue que en mi caída causada por el resbalón, empujé sin querer a Otto. Tan fuerte fue el encontronazo que el cuerpo de mi infortunado marido fue a caer fuera de la pasarela, entre los enormes émbolos y engranajes de aquella pavorosa máquina en movimiento.

Esto lo supe una hora después, al volver en mí en el camarote al que me trajeron los miembros de la tripulación que me sacaron de la sala de máquinas.

Supe también que de Otto sólo pudieron sacar un poco de carne picada, no mucho más que la cantidad empleada en su fábrica para hacer media docena de salchichas. El resto de su corpachón fue triturado y engullido por monstruosas ruedas dentadas, bielas como apabullantes cucharones y calderas como estómagos voraces.

El capitán del barco pasó un rato fatal al entregarme el ridículo paquetito que contiene los restos de mi marido. Para consolarme del exiguo picadillo que me entregaba, dijo en un breve discurso que como la Providencia es muy sabia, concede a cada cual la muerte que le corresponde. Por eso a Otto, que era un salchichero de renombre en su tierra natal, le dio al morir la forma y el tamaño de unas cuantas salchichas. Aunque algo forzadas por las circunstancias, sus palabras resultaron muy emotivas.

Emoción y dolor van a ser los sentimientos que me dominarán desde ahora hasta el final de este viaje, pues las escalas de este crucero de placer se han convertido para mí en estaciones de un trágico «vía crucis». Pero no puedo abandonar el barco. No sólo porque el gasto ya está hecho y hay que aprovecharlo, sino porque así cumpliré los deseos de mi difunto, que tanto deseaba que yo hiciera esta travesía maravillosa.

MÉTODO INFALIBLE

EL NUEVO CASINO se llenaba todas las noches, porque España estaba disfrutando del levantamiento de una larguísima y estúpida prohibición que pesaba sobre el juego.

Giraban las ruletas recién estrenadas entre una muchedumbre variopinta y llena de curiosidad, que perdía alegremente sus primeros miles de pesetas. A los hombres que atendían aquellas máquinas se les seguía llamando *croupiers*, pues la Real Academia de la Lengua no había tenido tiempo de movilizar a todos sus viejecitos para que eliminaran ese galicismo e inventaran la palabra «ruletero», o «girador», o vaya usted a saber.

Por mucho tiempo, dada la lentitud con que trabajan los académicos, el juego seguiría lleno de palabras extranjeras: *black jack, bacarrat, chemin de fer*... No bastaba en este caso con traducir literalmente estas palabras, como se había hecho con las fórmulas que los *croupiers* empleaban al lanzar la bolita, o cuando la bolita terminaba su expectante trayectoria:

–¡Hagan juego!

–¡No va más!

–¡Catorce rojo, par y falta!

La Real Academia de la Lengua tendría que reunirse a

103

inventar una copiosa jerga para el jugador de nuevo cuño, que se había lanzado al tapete verde con verdadero frenesí.

En el nuevo casino, en la misma sala de juego, había un bar en el que tomaban sus tragos los jugadores novatos, y los ya veteranos, que adquirieron su experiencia en los casinos extranjeros, cuando jugar en España era considerado pecado mortal. Estos jugadores, curtidos en Biarritz y Montecarlo, hablaban a los novatos con cierta superioridad, como si de veras uno pudiera considerarse superior por haber perdido tontamente más dinero que los demás.

En este bar se suscitó una noche el tema de los métodos para ganar a la ruleta, tema que sólo se suscita en los nuevos casinos españoles, porque en los viejos casinos internacionales apenas se habla de esa gilipollez.

—Yo —pontificaba un hortera que aquella noche había acertado cuatro plenos— sigo el método de jugar a los vecinos. Cubriendo el sector próximo al número que acaba de salir, hay muchas probabilidades de acertar bastantes veces.

—Menos cuando se pesca una racha de bola loca —rebatió un regordete que además de cuellicorto era culibajo.

—¿Y qué es una racha de bola loca? —preguntó un novato flaco que no ocultaba su ignorancia.

—Yo llamo rachas de bola loca cuando salen números sin ton ni son, sin ritmo ni lógica. En esos casos hay que aplicar el método de las suertes simples, o sea jugando a colores, docenas, par e impar. Es algo más premioso porque las ganancias son más lentas, pero falla muy pocas veces.

Tres personas más intervinieron en la conversación, aportando métodos distintos y según ellos mucho más eficaces: el de los grandes números, el de las finales alternas, el de los vecinos del cero, el de los huérfanos...

La infalibilidad, según todos ellos, no estaba garantizada absolutamente, pero sí podían garantizar un elevado índice de aciertos. Los cinco personajes presumían de ser grandes expertos, y todos afirmaban que la ruleta no tenía secretos para ellos.

Intervino entonces un sexto personaje, que hasta entonces había permanecido callado escuchando a todos los demás. Era un hombrecillo todavía joven y de aspecto relativamente vigoroso, con facciones anodinas en las que nadie se fijaba. Parecía tímido, huidizo y reservón, pues sólo los tímidos, huidizos y reservones, carraspean un par de veces para aclararse la garganta antes de atreverse a hablar.

–Señores –comenzó después de haber carraspeado–: he escuchado atentamente su conversación, que me ha parecido muy interesante. Es evidente que muchos de ustedes se creen cercanos a haber descubierto el método ideal para ganar a la ruleta. Debo decirles, por haber practicado todos esos métodos, que ninguno de ellos es perfecto. A todos les falta un detalle más o menos insignificante, que les hace fallar en muchos casos. Porque en el azar existen reglas que no pueden modificarse, y una de estas reglas es la de las probabilidades. Es en este porcentaje de probabilidades donde acaba siempre por ganar el casino.

»Pero yo he descubierto el único método, la única fórmula, para ganar en los casinos de manera infalible. Créanme que no ha sido fácil hallar este sistema, pues tuve que estudiar con detenimiento todos los sistemas existentes.

»Durante varios años y con la ayuda de un nutrido grupo de estudiosos, fui estudiando y eliminando una por una todas las posibilidades de ganar que existen. Desde las más simples a las más sofisticadas. Todas fueron sometidas a minuciosas comprobaciones, hasta fijar con bastante exactitud su margen de errores.

»Créanme que este margen existe en todos los métodos que examiné con rigor y minuciosidad. En todos menos en uno, que es el que yo pongo en práctica con éxito constante. No se basa en cálculos matemáticos ni en cálculos de probabilidades. No es tampoco un sistema muy científico, pero sí sumamente eficaz. Y es de una sencillez asombrosa. Tiene sólo el inconveniente de que se necesita la colaboración de tres personas para ponerlo en práctica. Porque no es como si dijéramos un método individual, que son evidentemente los más cómodos, sino en equipo.

–¡Bah! –despreció el hortera con suficiencia–. Perdone que se lo diga, pero me inclino a creer que la infalibilidad de su sistema será tan dudosa como la de todos los demás.

–Puedo asegurarles que no, y ustedes mismos van a ver los resultados óptimos que obtenemos con él. Y lo digo en plural, porque hoy precisamente he venido con mis dos colaboradores.

–¿Para qué? –quiso saber el novato flaco.

–Para poner en práctica el único método que existe para sacarle el dinero a un casino.

–¿Y dónde están esos colaboradores? –preguntó el regordete cuellicorto y culibajo mirando a su alrededor, incrédulo.

–Uno de ellos está en la puerta, y el otro en el mostrador en el que se cambian las fichas por dinero. Y los dos están esperando mi señal para empezar a actuar.

–¿Qué señal? –quiso saber el hortera, curioso.

–Ésta –dijo el hombre de aspecto anodino desabrochándose la americana y empuñando una metralleta que llevaba oculta debajo del brazo, con la que apuntó a toda la gente del bar y de la sala de juego–. ¡Pongan las manos arriba y que nadie se mueva! Esto es un atraco. Uno de mis colaboradores desvalijará el mostrador de caja, mientras yo les vigilo para que nadie se mueva, y otro nos está esperando a la puerta al volante de un coche con el motor en marcha. ¡Permanezcan quietos y no les ocurrirá nada!

Los presuntos expertos en ruleta, reconocieron que aquel hombre tenía razón: ése era el único método infalible de sacarle el dinero a un casino.

REPROCHE A DIOS

¿QUIÉN DIJO que aprietas pero no ahogas?

¡Bonito *slogan* inventado por los creativos que organizan tu publicidad en la Tierra! Pero que en mi caso ha sido un solemne fracaso. Porque a mí, Dios, me has apretado de tal modo que estoy a punto de ahogarme. Como lo oyes, majo.

A eso he venido a este pequeño hotel campestre, muy cercano al pueblo escocés donde nací: a terminar de una vez con una vida en la que jamás obtuve ni el más leve triunfo.

Y no podrás decir que me has castigado por no creer en Ti, porque he sido desde la infancia el más fervoroso de todos tus creyentes. ¿Recuerdas que en el colegio me llamaban «el curita», porque siempre estaba rezándote y dándome golpes de pecho? Tan grande era mi fe, que a punto estuve de confirmar ese mote en la edad adulta, haciéndome cura de verdad.

Pero me incliné al fin por otra vocación compartida al cincuenta por ciento con la del curato: el periodismo. Muy igualados estaban estos dos platillos en la balanza de mis vocaciones, y la verdad es que mi fe influyó sin lugar a dudas en mi decisión final.

Después de muchas y muy equilibradas vacilaciones, me creía modestamente más capacitado para llegar a ser un periodista discreto que un buen sacerdote. Para destacar en la carrera eclesiástica hacen falta más virtudes que para defenderse en la profesión periodística.

Fueron por lo tanto mi humildad y mi respeto a la religión, los factores que me indujeron a seguir el camino más acorde con mis limitadas cualidades y talentos. Te pedí entonces que me iluminaras en la marcha que emprendí por ese camino, pero la verdad es que no me hiciste ni puñetero caso. De iluminación, ni pun.

Tan oscuro me dejaste el camino, que avancé de tropezón en tropezón y de batacazo en batacazo. Conseguí entrar de meritorio en las redacciones de varios diarios, pero de todas ellas me echaron porque siendo meritorio no lograba hacer méritos para conservar mi puesto.

Sabrás, porque Tú lo sabes todo, que un periodista es fundamentalmente un cazador de noticias. Debe tener un olfato especial para encontrarlas y poder escribir con ellas reportajes sensacionales, que le producirán fama y dinero.

Ese olfato lo tuve siempre, pero contrarrestado por una mala suerte impresionante. Porque siempre que olfateaba un notición, cuando acudía al lugar donde se había producido, me encontraba con algún colega madrugador que me lo había pisado. Y puedo asegurarte que todos esos colegas madrugadores, en su mayoría, eran ateos. ¿Te parece justo que siendo yo el único que creía en Ti, fuera también el único en sufrir esos pisotones constantes?

Me dirás que la fe tiene que ser desinteresada, y la mía lo fue porque jamás te pedí descaradamente que me ayudaras a medrar en la carrera que elegí. Pero de Tu infinita bondad debió salir la idea de echarme una mano para no dejarme caer en la desesperación. Porque tantos fracasos seguidos no hay quien los aguante sin desesperarse, y hasta la fe se pierde cuando la divinidad te aprieta el pescuezo hasta que no puedes respirar.

Si me dejaste que fracasara para ponerme a prueba, permíteme decirte que te has pasado. No se puede pretender que un creyente siga creyendo en un Dios que no sólo le vuelve la espalda, sino que encima desde esa postura le pega patadas de taconazo.

Como tienes fama de indulgente, confío en que perdonarás estos exabruptos nacidos de mi desesperación total. Fíjate si estaré desesperado, que voy a suicidarme en cuanto acabe de cenar. Y ya he empezado a comerme el postre.

El camarero que me ha servido en este comedor desierto, en el que soy el único comensal, está asombrado de lo mucho que he comido y bebido. El pobrecillo no sabe que encargué los platos más exquisitos y los vinos más caros porque no pagaré la cuenta. Con el café que voy a pedir después del postre, me tomaré el veneno que acabará conmigo. Y además de haber disfrutado gratuitamente de una cena pantagruélica, me enterrarán gratis también en el cementerio de este pueblo. Que es el mío.

Aquí nací y aquí he venido a morir después de fracasar estrepitosamente en la vida. Moriré fracasando una vez más, pues hace unos meses conseguí una plaza de reportero sin sueldo en el «Daily Express». Lo único que tenía que hacer para cobrar, era conseguir una noticia publicable. Ya ves qué fácil.

Esta vez sí te pedí, Dios mío, que me ayudaras un poco puesto que era mi última oportunidad de permanecer en este mundo. Y Tu ayuda no llegó. Mis colegas siguieron pisándome todos los temas susceptibles de convertirse en reportajes sensacionales.

Comprenderás que mi fe se haya ido a hacer gárgaras, al mismo tiempo que mi posible ingreso en la nómina del *Daily Express*. Fíjate si estaré decepcionado, que al borde mismo de la muerte te confieso que dudo de tu existencia. Tanto como eso, oye. Es posible que si existes me mandes al infierno por esta confesión, pero semejante castigo me pillará entrenado para soportarlo puesto que ya he tenido gracias a tu indiferencia una vida infernal. La verdad es que esta cena de despedida que acabo de ofrecerme, ha sido el único acontecimiento agradable de toda mi existencia.

Terminado el postre, me dispongo a llamar al camarero para que me traiga el café que servirá de vehículo al veneno. Quizá mande añadir al café un chorrito de ron. Un «carajillo», al fin y al cabo, es la bebida más adecuada para un hombre que se está yendo al carajo. Estoy a punto de poner fin a un larguísimo rosario de fracasos.

Muy pronto, Dios, te diré adiós.

Llamo al camarero pero no me oye, porque está atendiendo a una pareja que acaba de entrar en el comedor. Pese a que todas las mesas están desocupadas, menos la mía, parecen dudar sobre cuál de ellas elegir. Se deciden al fin por la más alejada de la que yo ocupo, como si los recién llegados trataran de pasar inadvertidos.

Quizá sea una pareja pecadora, que tiene interés en ocultar sus amores clandestinos.

Aunque el comedor es amplio y grande por lo tanto la distancia que separa nuestras mesas, tengo buena vista y puedo observar a la pareja mientras consulta el menú que el camarero acaba de presentar. Ella es joven, rubia y muy guapa. Fijándome bien, juraría que he visto antes su cara en alguna parte. Esos ojos tan claros, esa nariz tan respingona, esos labios tan gruesos y sensuales... Es sin duda una cara conocida. Pienso un poco, y de pronto:

¡Claro!: ¡Patricia Holm! ¡La famosa actriz de la «tele»! Está teniendo un éxito enorme en una serie de la B.B.C. que se titula «Las cuñadas de Enrique VIII». ¡Es ella, sin lugar a dudas!

Me fijo después en él, y al principio no doy crédito a mis ojos. Sin duda bebí demasiado durante la cena y el vino me hace ver visiones. Porque una visión tiene que ser lo que me parece ver.

Parpadeo varias veces para aclararme la vista, pero la fantástica imagen no sólo no desaparece, sino que se hace más nítida e irrefutable: ¡ese perfil!... ¡esa frente despejada!... ¡esa nariz un poco grande y aguileña!... ¡Todos los ingleses estamos familiarizados con el rostro de ese hombre que acompaña a Patricia Holm!

Vuelvo a parpadear, incrédulo todavía, y me convenzo por fin de que no veo visiones: ¡estoy viendo frente a mí, a la escasa distancia de cuarenta yardas, al Príncipe heredero de la Corona británica! Tantas veces he visto su rostro que no puedo equivocarme. Ni siquiera me puede engañar con esas absurdas gafas oscuras que se ha puesto para bajar de noche al comedor. Es él, y el corazón se me acelera con la alegría del descubrimiento.

Mi cerebro empieza a trabajar de prisa, poniendo en orden un montón de ideas todavía confusas. Hace tiempo que la prensa mundial sabe que el Príncipe está enamorado en secreto, pero nadie ha podido averiguar el nombre de la mujer que ama. ¡Y yo, casualmente, acabo de averiguarlo! ¡En este hotelito escondido, que la celebérrima pareja utiliza como escondrijo!

¡Acabo de cazar la noticia del año! ¡Con este reportaje sensacional mi puesto en el *Daily Express* está asegurado para siempre!

Corro al teléfono para hablar con el periódico. Después, tiraré por el retrete mi frasquito de veneno. ¿Querrás hacerme el favor de olvidar las memeces que te he dicho, Dios mío? Me acabo de convencer de que, en efecto, aprietas pero no ahogas.

LA SEMIVIUDA

NO SE PUEDE DECIR QUE SEA COMPLETAMENTE VIUDA. La verdad es que, pese a que su marido murió el año pasado, ella nunca enviudó del todo. Ni enviudará. Por eso su luto jamás ha sido riguroso. Siempre, desde el mismo día que falleció su Isidoro, se ha permitido una nota que alivia ese luto agobiante de la viuda total y definitiva. Porque ella no lo es. Y se pone por eso alguna prenda no alegre ni mucho menos, pero sí por ejemplo de un discreto color gris que aligera el patetismo del tenebroso negro. Y por eso también, doña Clotilde nunca ha llorado a moco tendido, que es como lloran las viudas totales. Ella se detiene al borde del llanto, sin caer nunca en él, e incluso se diría que sobre su rostro flota una levísima sonrisa, apenas perceptible, como el fino rubor que un pellizquito arrancaría de una mejilla palidísima.

Doña Clotilde es en realidad una semiviuda, porque no le vive el marido completo pero sí algunos de sus cachitos bastante importantes. Hombre bondadoso, de una generosidad sin límites, hizo donación en vida de cuantos órganos le pidieron para ser trasplantados a otros organismos que pudieran necesitarlos: los ojos, el corazón, los riñones...

Gracias a estas donaciones, puede decirse que Isidoro no ha muerto del todo, que le quedan cachitos de vida repartidos por ahí, alojados en los cuerpos que recibieron sus donativos. Estos cachitos los tiene perfectamente localizados la semiviuda; sabe el alojamiento de cada uno de ellos, y a todos los visita una vez al mes.

Hoy, sin ir más lejos, le toca a doña Clotilde la visita mensual. Es un día especialmente alegre para la semiviuda, y para el cual empieza a arreglarse desde muy temprano. Porque a doña Clotilde le gusta que los cachitos de su marido la vean muy peripuesta, y como ya no es ninguna niña necesita tiempo para periponerse.

Quiere estar guapa sobre todo a los ojos de su Isidoro, a los que siempre visita en primer lugar. Donados por el finado al Banco de Ojos, fueron a parar al rostro de un señor bastante simpático y comprensivo que se hace cargo de los sentimientos de la semiviuda, y se presta a ser visitado sin poner ningún obstáculo. Jubilado desde hace algún tiempo, viudo también y disfrutando de una pensión incrementada por varios pluses, recibe a doña Clotilde en su pulcra casita de las afueras. Él se hace cargo de la emoción que la señora experimenta al mirarle a los ojos trasplantados, que son en realidad los de su Isidoro. Tampoco puede evitar que estos ojos cedidos participen de las emociones de doña Clotilde, y suelten como los de ella alguna lagrimita.

–Buenos días, Isidoro –saluda la semiviuda clavando su mirada húmeda de emoción en ese par de ojos verdes, inconfundibles y llenos de personalidad.

El dueño actual de los ojos, que se llama Jaime, no contesta al saludo que no va dirigido a él. Deja que los ojos respondan por sí solos, con su patética humedad. Deja también que doña Clotilde desahogue su carga emocional hablando sin parar, contando a las niñas de sus ojos los menudos incidentes de su vida cotidiana.

–No salgo apenas de casa. Sólo a hacer las compras. Y alguna vez voy a casa de mi hermana. ¡Si pudieras ver lo mucho que te echo de menos! –se lamenta la semiviuda que está siempre al borde del llanto pero que nunca cae en él.

Don Jaime se hace cargo de esta gran tristeza, y de buena gana diría alguna frase de consuelo en nombre de los ojos de don Isidoro. Pero no quiere romper la ternura de esta escena tan emocionante, y se calla discretamente. Su situación es un tanto embarazosa, pues tiene que oír las confidencias de doña Clotilde sin poder comentarlas. Pero piensa que este pequeño sacrificio bien puede hacerlo por quien tan generosamente le cedió esos ojos tan hermosos que ahora disfruta.

Hoy don Jaime, como todos los meses, aguanta estoicamente la rociada sentimental que siempre le conmueve un poco. Pero cuando termina y la semiviuda se despide como de costumbre, él la detiene con un gesto.

–Perdóneme, señora... –balbucea.

Y a continuación, balbuceando, le expone a trompicones lo siguiente: que cada vez recibe con más gusto las visitas de doña Clotilde; que ya sabe que no es a él a quien ella visita, sino a sus ojos; que esos mismos ojos le han permitido observar que la semiviuda está de muy buen ver; que él no tendría inconveniente en compartir su vida y sus ojos con ella...

–¿Es una declaración de amor? –pregunta doña Clotilde, más halagada que ofendida.

–Pues sí –tiene que reconocer don Jaime–. Es, sobre todo, una forma de ahorrarle las molestias de estas visitas, poniendo a su alcance la contemplación permanente de estos ojos tan queridos.

–Gracias, amigo mío –dice ella emocionándose de nuevo–, pero no puedo aceptar. Tenga en cuenta que mi Isidoro no vive únicamente en esos ojos que usted tiene en usufructo. Vive también en varios cachitos más, implantados a distintos organismos de esta ciudad. En sus riñones, por ejemplo, uno de los cuales lo disfruta don Eduardo López y el otro don Cándido Martínez. Para usted es posible que los riñones sean menos importantes que los ojos, pero debe admitir que son también pedazos de mi querido Isidoro y les debo igualmente una visita mensual. No dudará que el corazón puede considerarse un trozo importantísimo, ¿verdad? Pues bien: sepa, don Jaime, que el corazón de mi Isidoro, felizmente trasplantado, sigue latiendo en la caja torácica de don José Massip, prestigioso abogado en ejercicio con bufete abierto en la Calle Mayor. Don Eduardo López, por su parte, usufructuario de un riñón, es tendero de ultramarinos; y don Cándido Martínez, que posee el otro, trabaja en un ministerio con un buen sueldo.

Doña Clotilde hace una pausa para suspirar, y continúa después:

–Comprenda usted, don Jaime, que debo mantener un justo equilibrio afectivo entre todos los cachitos de mi Isidoro que aún viven, y que merecen mi afecto por igual. Tengo que distribuir mi cariño a partes iguales entre los ojos que usted lleva, los riñones repartidos entre los señores López y Martínez, y el corazón que sostiene a don José Massip.

Largo y nuevo suspiro de la semiviuda, que añade a continuación:

–Ellos también, lo mismo que usted, me han declarado su amor. Sí, don Jaime. Por idénticos motivos. Imagino que llevar encima algún cachito de Isidoro, hace sentir una viva inclinación hacia su mujer. Pero a todos mis pretendientes les digo lo mismo: que me debo a sus pedazos por igual. No puedo hacer distingos entre los ojos, el corazón ni los riñones. Me comprende, ¿verdad? Permítame que siga viniendo a visitar los ojos de mi Isidoro. Permítame que ahora le diga adiós. Permítame que siga siendo una semiviuda feliz, que se consuela visitando los pedazos aún vivos de su marido: primero los ojos, luego los riñones, y por último el corazón. Créame que estas visitas mensuales, me ayudan a no sentirme nunca completamente sola.

CON LOS OJOS ABIERTOS

CON MUCHÍSIMO TRABAJO, apenas puedo hilvanar mis ideas, he llegado a hacerme una composición de lugar. Primera composición que hago, después de sufrir una descomposición total.

Estoy tendido en una cama, boca arriba y sin poder moverme, en la habitación de una clínica privada. Hace días sufrí un grave accidente del que no recuerdo nada en absoluto, a consecuencia del cual me trajeron aquí.

Se comprende que la clínica es privada por lo bien decorada que está la habitación, y por lo guapas y amables que son las enfermeras. En los hospitales hay cada callo y cada cardo...

También los médicos que me asisten son amabilísimos y me dedican largas visitas, de lo que deduzco que no son de la Seguridad Social y que piensan cobrar abultadas facturas. Cosa que me parece natural, puesto que soy un hombre rico y lo lógico es que mi familia no escatime en mi tratamiento.

Porque por lo visto, y vi perfectamente al doctor que se lo explicó a mis hijos en mi presencia, estoy muy grave a consecuencia de aquel accidente que he olvidado por completo. Tan grave según el médico, que sigo viviendo de verdadero milagro.

–No será para tanto –protestó mi hijo Enrique, que trataba por todos los medios de ser optimista.

–Lo siento –dramatizó el médico–, pero no exagero en absoluto.

–¿Cuál es entonces su diagnóstico?

Y el médico se puso muy serio para declarar:

–Puede decirse que su padre está clínicamente muerto.

–Podrá decirse –siguió protestando mi hijo–, pero yo le prohíbo que diga esa barbaridad.

–Prohíbame lo que quiera –se encogió de hombros el doctor que a mí me pareció bastante bestia–, pero eso no arreglará nada. Fíjese en las constantes vitales del paciente.

Y se acercó a una mesita colocada junto a mi cama. En ella había un montón de aparatos delicados y diversos que mostró a mi hijo. A estos aparatos iban a parar una porción de tubos y electrodos conectados conmigo. O sea que en mí arrancaban aquellos terminales que transmitían a la máquina mis impulsos vitales.

–En este electroencefalograma –lo señaló–, puede verse que su actividad cerebral es prácticamente nula. Es casi lo que llamamos un electroencefalograma plano, que es para nosotros un diagnóstico mortal. En cuanto al corazón, funciona artificialmente gracias a esta máquina de bombeo. También puede añadirse que sus reflejos son nulos, lo que significa que no siente ni padece.

Entró entonces en mi campo visual mi hija Patricia, que se inclinó a contemplarme con infinita ternura, y que después de su contemplación se inclinó más aún hasta que sus labios rozaron mi mejilla inmóvil.

–Siente y padece, sí –refutó Patricia contemplando mi rostro atentamente y muy de cerca–. Sus máquinas, doctor, pueden decir lo que quieran. Pero yo veo cierto brillo en sus ojos.

122

–El de la bombilla de la mesilla –dijo el médico, cruel.

–Es un brillo más humano –insistió mi hija–. Incluso me ha parecido ver el temblor de una lágrima.

–Figuraciones suyas, señorita. A veces el deseo de que se salve un ser querido, nos hace imaginarnos reacciones que sólo existen en nuestra imaginación.

–Le aseguro que sus ojos brillan –porfió ella–, y que al besarle se han humedecido.

–Tonterías –rechazó el médico, e incluso sonrió despectivamente para demostrar que las observaciones de mi hija las consideraba ridículas–. Espejismos –añadió después para suavizar su primera opinión, que resultaba insultante–. Puedo demostrarles que la insensibilidad de su padre es total. Fíjense.

El doctor cogió algo de la mesita en la que estaban los aparatos, y se acercó a mí. Vi entonces que el objeto que había cogido de la mesita era un puntiagudo par de tijeras quirúrgicas, que esgrimió ante mis ojos y muy cerca de mis narices.

–¿Qué va usted a hacer? –se alarmó mi hija.

–Demostrar que su padre ni siente ni padece.

–¿Cómo va a demostrarlo? –intervino mi hijo, alarmado también.

–De un modo muy convincente. Fíjense bien.

Deduje que me había pinchado en la cara, primero en un pómulo y luego en el otro, porque vi aproximarse la punta de las tijeras primero con un ojo y luego con el otro. Pero la verdad es que no sentí nada cuando la punta de metal entró en contacto con mi piel.

El doctor tenía razón: mi accidente debió de ser gravísimo, pues yo había quedado tan insensible como un gran pedazo de corcho. No sentía nada ni podía mover ningún músculo. Tampoco me dolía nada, como si estuviera bajo los efectos de una anestesia que me paralizase toda la sensibilidad y todos los centros motores.

Y el caso es que yo me sentía vivo, quizá al borde de la muerte pero sin haber caído en ella todavía. Me sentía vivo, aunque por mucho que me esforzara no podía mover ni un músculo para hacérselo saber a los demás.

¡Si al menos pudiese parpadear!... Sólo eso: un levísimo parpadeo, para que Enrique y Patricia supieran con toda seguridad que aún no eran huérfanos.

Pero ni eso. Ni mover un párpado puedo, que es el esfuerzo más mínimo que se puede pedir a un cuerpo humano.

Pensé que quizá pudiese dar una señal de vida más fácil aún: soltar una lágrima. Imagino que abrir la pequeñísima compuerta que cierra el lagrimal, debe suponer un esfuercillo insignificante. Incluso me conformaría con poder humedecer levemente la superficie de un ojo inmóvil. Creo que eso sí lo conseguí, aunque de un modo tan imperceptible y discutible que sólo mi hija creyó percibir esa tenue humedad en una de mis córneas. Y hasta puede que ella misma llegara a dudar de que lo percibió, si el doctor hubiera insistido en sus dudas escépticas.

Está claro que sigo viviendo gracias a las conexiones que me mantienen unido a los aparatos de todos los tipos que me rodean. Estoy seguro de que si al menos pudiese mover mis globos oculares, haciéndoles dar una vuelta a mi alrededor, me horrorizaría ver toda la serie de aparatos que realizan artificialmente las funciones vitales que yo no puedo realizar con naturalidad.

Empieza a preocuparme, no el tiempo que llevo aquí, sino el tiempo que podré seguir llevando. Porque si según el médico ya estoy clínicamente muerto, ¿qué razón hay para que sigan manteniéndome conectado a estas ayudas mecánicas?

En algún momento mis hijos tendrán que plantearse esta cuestión:

—Si papá ni siente ni padece, ¿no es una pérdida de tiempo prolongar esta situación? ¿Por qué no le desconectamos para que pueda descansar en paz?

¡Dios mío! No quiero ni pensar en la posibilidad de que se hagan estas preguntas. Porque inmóvil como estoy, aunque sin poder exteriorizarlo, me siento vivo y deseo ardientemente vivir. Sé que el soplo vital que me anima es muy tenue, pero me aferro a él con desesperación.

¡Ah! ¡Si mis hijos pudieran captar por telepatía toda la intensidad que desearía dar a mis pensamientos, toda el ansia de vivir que aún late en este pobre corazón movido artificialmente! ¡Quiero que el doctor comprenda que, si me sigue ayudando, acabaré reaccionando! El deseo de vivir vencerá mi actual falta de vitalidad.

¡Me desespera no poder exteriorizar con una palabra, con un gesto o un movimiento muscular, mi tremendo deseo de quedarme en este mundo!

Patricia y Enrique permanecen a mi lado todo el día y se turnan por las noches (una noche ella, otra él) para no dejarme solo. Su abnegación es admirable. Espero iniciar una mejoría, por leve que sea, para demostrar al médico que estoy reaccionando y que deseo vivir por encima de todo.

¡Por Dios y todos los Santos! ¿Será posible que todo siga igual después de tantas semanas? Porque ya han pasado nada menos que cuatro meses y no he experimentado ninguna mejoría.

—¿Qué les decía yo? —ha comentado el doctor en tono triunfal, como si el muy cabrón se alegrara de haber acertado—. ¡Ni el más ligero progreso! No se observa en el estado del paciente ni el más ligero avance, ni el menor síntoma de recuperación.

—No hay avance, en efecto —reconoció Enrique—, pero tampoco observará usted ningún retroceso.

—Es que si el paciente retrocediera un solo milímetro —dijo el doctor con rudeza—, se quedaría de cuerpo presente.

—¿Qué quiere usted decir? —quiso saber Patricia.

—Lo que usted ya debe sospechar: que el estado de su padre es tan precario, que no admite ni el más mínimo retroceso. Sigue al borde de la muerte, exactamente igual que el primer día.

—¿Y qué quiere usted que hagamos? —preguntó Enrique.

—Pueden ustedes hacer lo que quieran —se encogió de hombros el médico—. Lo que no podrán hacer de ninguna manera, es devolverle la vida.

—¡Cualquiera diría que está muerto! —protestó mi hijo.

—Cualquiera lo diría, en efecto, y no se equivocaría. Porque prácticamente lo está. Desconecten ustedes los sistemas de mantenimiento que ahora le sostienen, y se vendrá abajo. Desaparecerá esa apariencia de vida.

—No vamos a desconectarlos, como usted comprenderá —dijo Enrique.

—Era sólo un decir.

—Un decir barbaridades —completó mi hija—. ¿Cómo puede usted hablar así en estas circunstancias?

—Mi deber, señorita, por doloroso que sea, es decir la verdad para que no se forjen ustedes falsas esperanzas.

—Y la verdad, según usted, es que la ciencia ya no puede hacer nada. ¿No es eso lo que quiere decir?

–No es eso exactamente –corrigió el médico–, porque la ciencia sí puede hacer muchas cosas. Todas las que están ustedes viendo, pero que sólo servirán para prolongarle este simulacro de vida. Pero al final...

Y el doctor hizo un gesto muy expresivo, para indicar que al final palmaría. Pero al ver que Patricia le miraba rebosante de indignación, se apresuró a decir:

–Claro que ese final podrá retrasarse mucho tiempo, semanas quizá e incluso meses, gracias a la ayuda científica que se le puede suministrar al paciente. Y existe la posibilidad, remotísima desde luego pero posibilidad al fin y al cabo, de que su padre pueda experimentar una leve mejoría. No digo que pueda curarse, eso de ninguna manera pues las lesiones cerebrales que ha recibido son irreversibles, pero sí mejorar ligeramente y sostenerse en esa mejoría. Lo cual no es que sea mucho, pero sería algo. Una forma de hacer más llevadera esta situación tan desagradable para ustedes. Porque comprendo lo que ustedes estarán pasando...

–Si de veras lo comprende –le interrumpió Patricia–, será mejor que nos deje a solas con nuestro dolor.

–No faltaba más, señorita –se apresuró a decir el médico–. Sólo trataba de decirles que por mi parte no puedo hacer nada más. Hice cuanto pude y siento que la gravedad del caso me haya impedido conseguir una recuperación más espectacular.

El doctor daba por terminada su intervención, y se despedía de mis hijos a los que muy pronto pasaría una factura astronómica. Poco a poco me irían dejando todos los médicos que me habían asistido. Llegará un momento en que nadie querrá ocuparse de mí. Sólo mis hijos tendrán que encargarse de alimentar y manejar estos aparatos de los que depende mi vida ficticia. Porque Enrique y Patricia, al menos, no me abandonarán nunca.

Como si hubieran captado mis pensamientos por medio de un mensaje telepático, esta mañana Patricia le ha dicho a Enrique:

—Nosotros, pase lo que pase, no le abandonaremos jamás.

—Claro que no —confirmó mi hijo—. Por supuesto que no. ¿Por qué dices eso ahora, sin venir a cuento?

—No lo sé —murmuró mi hija, mirando fijamente a su hermano—. Quizá porque no te veo tan entero como el primer día.

—¿Qué quieres decir?

—Que al principio luchabas por sostener a papá con más entereza. Y me parece que ahora estás flaqueando.

—¡Qué tontería! —protestó Enrique—. Lo que pasa es que uno se cansa de ver que todo sigue igual, que el pobre papá no mejora en absoluto, que los médicos se van diciendo: allí queda eso. Por muy entero que quiera estar uno, acaba al fin hecho pedazos.

—Pero resististe muy bien hasta ayer concretamente —recordó Patricia—. Fue a partir de ayer cuando empezaste a desfondarte. A partir de la visita del abogado.

—¿De qué abogado? —preguntó mi hijo con extrañeza tan exagerada que no parecía auténtica.

—Del único abogado que vino ayer: del viejo don Faustino que lleva todos los asuntos de papá.

—Sí, claro. Pero pareces tonta. No sé por qué crees que mi actitud varió a partir de esa visita.

—Tampoco yo me lo explico —coincidió con él Patricia—. Porque pensándolo bien, sólo nos trajo buenas noticias.

–Tanto como eso... –puso en duda Enrique.

–¿Acaso no es una buena noticia saber que, mientras papá siga enchufado a esas máquinas, se le puede considerar legalmente vivo? Porque para que sea posible extender su certificado de defunción, tienen que cesar todas sus actividades vitales. Y no cesarán mientras las máquinas no se detengan. Lo cual significa que tenemos padre para rato, porque las máquinas nunca se detendrán. ¿No es estupendo?

–Tanto como estupendo... –volvió a dudar Enrique, y añadió–: Lo estupendo sería que pasados todos estos meses de convalecencia, papá estuviera recuperado del todo y perfectamente bien de salud. Pero verle después de tantas semanas igual que el primer día, sin haber avanzado ni un milímetro en su restablecimiento, más que estupendo me parece bastante deprimente.

–Si lo miras desde ese punto de vista...

–Así lo vio también don Faustino, que por ser el abogado de papá piensa en nosotros. Y piensa que mientras papá siga vivo teóricamente, nosotros no podremos abrir su testamento para heredarle prácticamente.

–¡Pero quién piensa ahora en herencias! –se indignó mi hija–. ¡Quién piensa en cosas tan materialistas, mientras papá lucha todavía con la muerte!

–El que piensa es don Faustino –le echó la culpa Enrique–. Y piensa, precisamente, porque eso que tú dices no es cierto: los aparatos que controlan su corazón y su cerebro, demuestran que papá ha dejado de luchar por la vida. En realidad no luchó nunca desde el día de su accidente. ¿Quién sabe si ahora que le estamos ayudando a vivir, en lugar de hacerle un favor le estamos haciendo una faena?

–¡Por Dios, Enrique! –se indignó Patricia tanto como

129

me había indignado yo, aunque yo no podía exteriorizarlo–. ¿Cómo puedes decir eso?

–¿Y cómo puedes saber tú que no tengo razón?

–Papá amaba la vida tanto como nosotros.

–Sin embargo –rebatió Enrique–, no han podido precisarse con claridad las causas del accidente. Y hay que reconocer que resulta un poco raro.

–¿Cómo? –enarcó las cejas mi hija–. ¿Te parece raro que se estrelle contra un árbol?

–Contra el único árbol que había en aquella carretera, situado además bastante lejos del arcén, en una recta de varios kilómetros donde la visibilidad era perfecta.

–¿Insinúas que fue el propio papá...?

–No insinúo nada –cortó mi hijo precipitadamente–. Digo con toda claridad que a lo mejor papá estaba deprimido. Y ya se sabe que en momentos de depresión puede hacerse cualquier tontería. En ese caso, no le haríamos ningún favor ayudándole a vivir.

–Ese favor hay que hacérselo siempre a todo el mundo.

–Sí, claro. Desde el punto de vista moral, desde luego. Pero yo digo que es posible que papá no nos lo agradezca.

¡Claro que sí, Enrique! ¡No puedes imaginarte cómo os lo agradezco! ¡No puedes imaginarte la magnitud de mi agradecimiento por todo lo que estáis haciendo por mí! ¡Os lo agradezco horrores! Si pudiera, me arrojaría en vuestros brazos una y mil veces; y lloraría a lágrima viva; y expresaría, en fin, todo lo ruidosamente que pudiera lo mucho que aprecio seguir estando vivo.

No podéis imaginaros el amor inmenso que siento por la vida. Te equivocas, Enrique, al suponer que yo provoqué mi accidente por encontrarme deprimido. ¡Nada más lejos de la verdad! ¡Pero si nunca hubo en el mundo ninguna situación capaz de deprimirme! ¡Pero si yo era el más alegre y entusiasta de todos los seres humanos!

Desconozco las causas del accidente que sufrí, pero puedes tener la seguridad de que yo no lo provoqué. Es posible que me distrajera conduciendo, o que me entrara sueño después de la copiosa comida que acababa de hacer. Porque recordarás que todas mis comidas eran copiosas, casi pantagruélicas, y en cada una de ellas solía beberme una botella de vino...

Quizá la laboriosa digestión de una posible comilona en un buen restaurante de la carretera, me amodorrase al volante y me produjera el casi mortal accidente. Supongo que algo así fue lo que me ocurrió, y podéis descartar absolutamente la intencionalidad por mi parte.

¿Una depresión yo, insisto? ¿Pero cuándo me habéis visto a mí deprimido? ¡Jamás en la vida! ¡Ni las mayores tragedias que he sufrido lograron sumirme en la depresión! Nada, oídlo bien: ni el estallido de la guerra mundial, ni el fallecimiento de vuestra madre a la que tanto quería... Los más trágicos y dolorosos acontecimientos por los que me tocó pasar, pude superarlos sin caer en los negros abismos de la neurastenia. ¡Es tan grande el amor que siento por la existencia!...

Como captando mis pensamientos, mi hija Patricia dijo en este momento:

—Ten la seguridad de que papá en su fuero interno, nos agradece todo lo que estamos haciendo por él.

—¿Y cómo puedes estar segura, si no nos hace ninguna señal que exteriorice su fuero interno? —replicó su hermano con mal contenida cólera—. ¡Haz el favor de mirarle! Siempre inmóvil, con los ojos abiertos porque ni siquiera puede mover un párpado, insensible a las cosquillas e incluso a las bofetadas, viviendo como un árbol o una planta. ¿No te da lástima verle así? Pues a mí sí. Y a veces pienso que sufre una barbaridad sin poder comunicarnos su dolor, y que con sus ojos abiertos e inmóviles nos implora que acabemos con su sufrimiento.

—Sufrir no sufre, porque le ponen muchos calmantes.

—No me refiero al sufrimiento físico, sino al psicológico. Debe de ser un suplicio tremendo sentirse tan impotente como un vegetal. Porque así de indefenso se sentirá. ¿Y crees que a un hombre tan activo como papá, tan dinámico y dominante, no le parecerá insoportable haberse convertido en algo tan insignificante y sin voluntad propia como un tronco o un repollo? Porque en su estado actual, tiene la misma capacidad de reacción que un nabo o cualquier otra verdura.

. Sí, Enrique. ¡Cuánta razón tienes! Pero aun así quiero estar vivo. No me resulta agradable, desde luego, pero tampoco puedo decir que sea insoportable. Es incómodo, en efecto, no poder mandar ni en el más insignificante musculillo de tu propio cuerpo; pero más incómodo, definitivamente más incómodo, es estar muerto.

Soy un vegetal, sí, un repollo si quieres o peor aún: un tubérculo, una miserable patata. ¿Pues querrás creer que no me importa, que no me avergüenzo ni se me cae ningún anillo?

Ahora me doy cuenta de que nadie sabe hasta dónde llega su capacidad de renuncia con tal de permanecer vivo en este planeta. Ni yo mismo sabía que, llegado a una situación desesperada como ésta, me aferraría a la vida con uñas y dientes.

Me preocupa sin embargo que mi hijo me crea incapaz de soportar unas condiciones ínfimas de vida vegetativa. ¡Cómo me gustaría decirle, o al menos darle a entender, que no se preocupe; que estoy dispuesto a aguantarlo todo con tal de sentir que sigo en el censo de la población mundial!

Me esfuerzo en articular algún sonido con mi laringe, pero sólo logro emitir un gorgoteo inaudible.

Pasaron dos semanas más y la situación empeoró. No porque yo empeorara, sino porque continué sin experimentar ni la más ligera mejoría. Seguía alimentado por el «gota a gota», sometido a una permanente renovación de mi sangre que había dejado hace tiempo de ser mía, unido por conexiones a los aparatos más modernos creados por la ciencia médica.

El funcionamiento de mi motor se reflejaba en un cuadro de mandos con más relojes que el salpicadero de un sofisticado coche deportivo.

Don Faustino, preocupado por mi salud de la que en cierto modo dependía la suya (era mi abogado y si yo fallecía perdería todos los asuntos que yo le proporcionaba), trató de que mis hijos le mantuvieran en nómina después de mi muerte.

—¡Pobre hombre! —me compadeció ante Enrique y Patricia en una visita que me hizo—. O mejor dicho —rectificó—: ¡Pobre gran hombre!

Hizo una pausa para compungir su expresión más todavía, y luego continuó:

—Porque su señor padre era una de las grandes personalidades de este siglo. Y observen que digo «era», aunque aún vive. Pero esto para mí no es vida. Ni para ustedes tampoco. Porque en realidad, ¿qué queda de él? Ni siquiera el brillo de sus ojos vivaces, que apaga por completo el estado de coma.

Suspiró tan honda como teatralmente antes de añadir con evidente intención:

—Y sin embargo, lo cual es doblemente triste, no se puede extender el certificado de defunción de esta piltrafa.

—¡Por favor, don Faustino! —protestó Patricia—. ¡Un poco de respeto!

—Perdone, señorita: sepa usted que yo respeto más que nadie al hombre que fue su padre, pero no puedo respetar de ninguna manera a la piltrafa que es ahora.

—¡Y dale!

—¡Piltrafa, sí! Piltrafa que aún está viva para la ley, pero no para los seres humanos. Porque para ustedes y para mí, como si estuviera muerto. Peor aún, ya que si muriese del todo se le podrían hacer unos emocionantes funerales a los que asistiría toda la gente de pro. Y podríamos llorarle con sentimiento y a lágrima viva, como Dios manda. En cambio en el estado en que está, que no es ni chicha ni limoná, que no está vivo ni muerto, que está como si dijéramos entre Pinto y Valdemoro, lo único que hace es ponernos nerviosos y cabrearnos. Y perdonen la expresión, pero confiesen que es cabreante verle así, a caballo entre la vida y la muerte, aunque estando mucho más muerto que vivo. Sí, señorita. ¿Cree que no me doy cuenta de su sufrimiento? Es dramático verles a usted y a su hermano aquí, esperando un desenlace que no acaba de llegar, retenidos en esta habitación sin poder hacer nada, sin poder moverse de la cabecera del agonizante, y sin poder cobrar la herencia a la que tienen legítimo derecho. Porque ustedes saben tan bien como yo que la situación de su señor padre no tiene arreglo, y que nada se consigue prolongándole artificialmente esta falta de sensación de vida. Créanme que si en mi mano estuviera...

Y se calló astutamente para que mis hijos le preguntaran:

–Si en su mano estuviera, ¿qué haría?

–Yo desconectaría esos aparatos...

–¡Calle, don Faustino! –exclamó Patricia, horrorizada–. ¿De veras sería usted capaz?

–Pues no –rectificó don Faustino–. Yo no tendría ningún derecho porque no soy de la familia. Pero ustedes sí podrían tomar esa decisión. Legalmente, ese recuelo de vida que le queda a su señor padre les pertenece a ustedes. Teniendo en cuenta que él depende exclusivamente del funcionamiento de esas máquinas, a ustedes les corresponde decidir si esas máquinas deben detenerse o seguir funcionando. Y vuelvo a decirles que si de mí dependiera...

–¡Basta, don Faustino, por favor! –suplicó mi hija que añadió dirigiéndose a su hermano–: ¿Pero tú oyes lo que está diciendo?

–Sí –contestó Enrique–, y creo que en cierto modo tiene razón.

–¡No!...

–Déjame razonar, hermana. Puesto que curar a papá es completamente imposible, lo que estamos haciendo en realidad es prolongar su agonía. Y de paso agonizar nosotros también, porque esta situación no hay quien la aguante. Pensándolo bien, lo único que estamos consiguiendo es alargar el sufrimiento de todos. Creo que papá nos agradecería mucho que le desconectáramos de todos esos chismes, para que pudiera descansar en paz.

¡No, hijo mío! ¡Estás equivocado! Deja que siga viviendo, aunque sea tan precariamente como ahora. ¡Te lo suplico! Hago un enorme esfuerzo para gritar, pero ni siquiera logro abrir la boca. Porque observo lleno de horror que, por primera vez, Patricia no ha protestado. Ella también parece muy cansada de luchar para sostenerme, y la veo inclinada a rendirse ante los razonamientos de su hermano. También el cabrito de don Faustino les encandila con la herencia que él les entregará cuando yo deje de existir... Creo que voy a perder el poco conocimiento que me queda... No, Dios mío. ¡Ayúdame a dominar este miedo cerval!...

Patricia viene junto a mí y me contempla con infinita tristeza. Han pasado quince días más. Veo que Patricia está llorando. Las lágrimas corren por sus mejillas y gotean sobre mis sábanas.

Siento ganas de llorar yo también, pero las lágrimas se niegan a asomarse a mis ojos.

¡Dios mío! ¡Concédeme el derecho a mover un músculo, el más insignificante de todos mis musculillos, para que vean a mi alrededor no sólo que estoy vivo, sino que quiero seguir viviendo!

—Creo que don Faustino tiene razón —suspira al fin mi hija, entre sollozos—. Aunque yo me resista a creerlo, es evidente que papá está prácticamente muerto.

¡No, Patricia, por favor! ¡Mírame a los ojos! ¡Fíjate en el brillo que tienen! ¡Es mi ansia de vivir lo que les hace brillar! No dejes que el egoísmo de Enrique te convenza. Porque es su egoísmo lo que impulsa a tu hermano a querer acabar conmigo. Quiere heredarme, ¿comprendes? Es el sucio dinero lo que le inclina a querer desconectarme.

—Pues sí —dice mi hijo suspirando hipócritamente—. Creo que hacemos mal no dejándole descansar como sin duda él desea, ¿no te parece?

Patricia se encoge de hombros, y comprendo que estoy perdido cuando dice:

—Esa decisión debes tomarla tú, no sólo por ser el hombre de la familia, sino porque además eres el primogénito.

Enrique se pone serio y adopta un aire de hombre con responsabilidad. Me doy cuenta de que no tengo salvación cuando mi hijo invita a Patricia a salir del cuarto.

—¿Qué vas a hacer? —se asusta ella.

—No lo sé aún —miente él—. Tengo que quedarme solo para pensarlo.

Patricia se aproxima a mi cama, y puedo ver que sus ojos se están llenando otra vez de lágrimas. Se inclina sobre mi cuerpo inmóvil e insensible, y puedo ver en su rostro toda la dramática crispación de una despedida.

¡Patricia, hija mía! ¡No te marches! ¡No dejes que tu hermano me asesine! ¡Porque desconectarme sería un asesinato! ¡Quédate para defenderme de Enrique, del asesino!

Pero Patricia no me puede oír, porque tampoco yo puedo emitir sonidos audibles. La veo dirigirse despacio hacia la puerta, y sólo al llegar junto a ella se vuelve a mirarme por última vez. Está llorando, y sus ojos anegados en lágrimas deforman la imagen de mi cama en la que pronto dejaré de existir.

Mi hijo no me quita ojo, y en cuanto Patricia abandona la habitación, él suspira aliviado. Es mentira que quiera quedarse solo para pensar lo que debe hacer, porque como yo suponía ya lo tiene decidido.

Primero cierra la puerta con llave, y luego se dirige hacia mí. ¿Será posible que el muy maricón tenga ganas de sonreír en estas circunstancias? Pues sí: está sonriendo muy complacido.

Y cuando llega al lado de mi cama, se inclina a mirarme de cerca. Tan de cerca, que su nariz casi roza mis labios. Quizá lo que pretende es darme un beso de despedida, pues le oigo murmurar con voz risueña:

–¡Adiós, viejo! Pronto dejarás de incordiar.

La desesperación me domina. Aprovechando que tengo la boca abierta, trato de lanzar un grito desgarrador. Pero no lo consigo. Y mi hijo, al que un grito de esta naturaleza dejaría paralizado de espanto, no deja de sonreír.

Una furia repentina, desencadenada por su cínica despedida, sacude todo mi ser. Es tan intensa la sacudida, que logro literalmente sacar fuerzas de flaqueza. Y concentro todas esas fuerzas en mi boca abierta, hasta conseguir que se cierre bruscamente. Con lo cual propino un formidable mordisco a la nariz de mi hijo.

–¡Ay! –grita Enrique, llevándose las manos al rostro después de la enérgica dentellada.

Se me queda mirando perplejo, y masculla entre dientes:

–De manera que empiezas a reaccionar, pedazo de cabrón. Lo siento por ti, pero ya no morderás a nadie más.

De un brusco manotazo, arranca un manojo de cables y tubos de goma que me unían a un montón de aparatos.

Se produce entonces un silencio mortal interrumpido solamente por el goteo rítmico del «gota a gota», que ha empezado a gotear en el suelo.

NAVEGACIÓN POR EL MEDITERRÁNEO

—AUNQUE PAREZCA INCREÍBLE —dijo el *playboy* Ofidio Robinet—, se folla mejor en los yates de pequeño tonelaje que en los grandes paquebotes.

—¡Audaz teoría para justificar tus gatillazos de las últimas noches! —exclamó Xandra, la exótica armenia que acompañaba al *playboy* en aquella travesía.

—La razón es muy simple —continuó Robinet, sin hacer caso de la interrupción—: cuando el yate es ligero, danza al navegar sobre las olas. Y un buen follador, puede coordinar el sube y baja del oleaje con el mete y saca del follaje.

—Sin embargo —opinó un viejo bastante rico y bastante verde—, tampoco se folla mal en un gran paquebote como éste, si se tiene un camarote en la popa justo encima de las hélices. La vibración de las máquinas llega a la litera con tal intensidad, que ríase usted de los vibradores eléctricos.

—¡Ja, ja! —se rió el *playboy* de los vibradores eléctricos, para que la conversación no decayera.

Pero había decaído tanto, que ni siquiera aquella risa fresca y oportuna fue capaz de levantarla. Se hizo un silencio en el pequeño bar de proa, donde los escasos viajeros de primera clase mataban las interminables sobremesas de cada singladura.

El *Budapest* navegaba a media máquina, porque la otra media se había escoñado al zarpar de Génova. El capitán Ember, que mandaba la nave, justificó la avería achacándola a la inexperiencia en cuestiones marítimas, tanto de él como de toda su tripulación.

–Fue una locura de mi país empeñarse en tener un gran barco de pasajeros sin haber tenido nunca ni el más ligero contacto con el mar –se lamentaba el capitán–. Hungría debió sospechar lo que ocurriría si se lanzaba a la aventura marinera. En primer lugar pagamos la novatada comprando este barco de segunda mano, que era en realidad de sexta o séptima. Gitanos marítimos, que también los hay, habían maquillado este viejo cascarón y nos lo cobraron como si fuera nuevo. En segundo lugar, por carecer en Hungría de escuelas navales para adiestrar marinos, me nombraron a mí capitán de la nave cuando lo que soy en realidad es capitán de caballería. Y aunque en apariencia existe cierta semejanza entre ambos mandos, no es lo mismo mover en el campo doscientos caballos con sus correspondientes jinetes, que mover en el mar doce mil caballos de vapor. Ruego por lo tanto a los señores pasajeros que disculpen las deficiencias que observarán en este crucero inaugural del *Budapest*, pues me temo que serán muchas y bastante gordas.

Las deficiencias en efecto eran gordísimas y frecuentísimas, pero los cruceristas las encajaban con una abnegación admirable.

Porque ya se sabe que el crucerista es el más abnegado de todos los viajeros que existen en el mundo. El crucerista, cuando se embarca en un crucero, sabe que será transportado durante todo el periplo como una mercancía con ojos y boca. Por los ojos verá lo que quieran mostrarle, y por la boca ingerirá los alimentos que quieran suministrarle.

En el billete del crucerista hay un contrato en letra diminuta que él tiene que aceptar sin rechistar, por el cual acata incondicionalmente las condiciones del viaje. Acata también cualquier cambio en estas condiciones que pueda introducirse en beneficio de la compañía y en perjuicio suyo, pues por algo la compañía es grande y el crucerista chiquitajo.

Acata igualmente todas las órdenes que se le den a bordo del barco, desde ponerse el cinturón salvavidas, hasta encasquetarse un gorrito de cartón en los tediosos cotillones que se organizan a bordo para mitigar el tedio de los días en que se navega sin hacer ninguna escala.

Acata los madrugones que se le imponen para bajar a tierra, y el itinerario de todas las excursiones; que incluyen invariablemente la visita obligatoria a algún establecimiento en el que pretenderán venderle algo que maldita la falta que le hace: alfombras turcas o marroquíes, camafeos pompeyanos, escarabajos egipcios, o cualquier otra clase de pijada indígena.

El crucerista digiere, o por lo menos lo intenta, comilonas suculentas que le atontan y le atrofian.

Y al hacer el balance final del crucero, se da cuenta que de las dos o tres semanas que duró, casi dos tercios del tiempo estuvo embarcado, y sólo el tercio escaso restante desembarcó para visitar durante muy pocas horas las escalas del trayecto.

Por eso los cruceristas que embarcaron en el *Budapest*, encajaban sin una queja todas las deficiencias de aquel crucero demencial, organizado por húngaros que sólo habían visto el Mediterráneo en folletos turísticos y en tarjetas postales.

—Por fortuna —se consolaba el capitán de caballería que mandaba el barco—, en Génova sólo embarcaron diecisiete pasajeros. Y si tenemos en cuenta que en el *Budapest* caben setecientos, podríamos naufragar sin que la cifra de víctimas en esa catástrofe resultara demasiado catastrófica.

–Pero en un mar tan conocido como el Mediterráneo –razonaba Ofidio Robinet–, muy bruto hay que ser para naufragar.

–Si cree usted que navegar es tan fácil –gruñía el capitán–, coja el timón un ratito y verá lo que es canela.

–Usted lo que quiere es que yo le haga su trabajo –decía el *playboy*–. Pero le recuerdo que soy un pasajero y usted el capitán. De manera que quien debe coger el timón es usted, y cargar con toda la responsabilidad si naufragamos por su culpa.

El capitán Ember no tenía más remedio que irse al puente de mando a empuñar el timón, mientras los pasajeros seguían charlando y tomando copas en el bar de proa.

–Estoy a punto de descubrir un remedio contra la enfermedad más grave que azota al género humano –anunciaba un sabio alemán que tenía un apellido con tantas «jotas» y «kas» que se pronunciaba como un largo y enérgico carraspeo.

–¿Se refiere usted al cáncer? –trataba de concretar un miope delgadito que no era sabio pero sí sabihondo.

–El cáncer es sólo una de las siete mil quinientas manifestaciones de esa enfermedad mortal que yo voy a curar.

–¿Pues cómo se llama esa enfermedad?

–La muerte –respondía el sabio teutón, que es una forma un poco más violenta de designar a un alemán–. Sólo cuando yo encuentre el remedio contra la muerte, se podrá decir que la ciencia médica sirve para algo.

–Pero la muerte es incurable –sentenció el sabihondo,

142

que había leído esa sentencia en el reverso de una hoja de calendario.

–Lo será mientras yo no corone mis investigaciones –afirmó el sabio germánico, que también así puede designarse a los sabios alemanes o teutones–. Y estoy a punto de coronarlas, con lo cual habré alcanzado la cumbre más alta de la medicina mundial.

–¿Cómo inició esas investigaciones tan importantes? –quiso saber el *playboy,* que no era tan frívolo ni superficial como parecía a primera vista.

–Partí hacia esta cumbre de una teoría personal –explicó el sabio–, fruto de largos y profundos estudios: envejecemos porque recordamos que hemos vivido muchos años y que por lo tanto somos viejos. Es la memoria del pasado la que nos hace envejecer. El tiempo acumula en nosotros una pesada carga de recuerdos que llega a ser insoportable. Y morimos cuando ya no podemos soportarla.

»Mi teoría nació después de observar la conducta de varios pacientes que habían sufrido sendos casos de amnesia. Una mujer de cincuenta años, al olvidar su edad a consecuencia del ataque amnésico, comenzó a rejuvenecer de un modo casi milagroso. Analicé sus tejidos varias veces a lo largo de casi dos años que duró su pérdida total de memoria, y observé que el proceso de envejecimiento que deteriora las células con el paso del tiempo, se había detenido en el instante de producirse la amnesia.

»Idéntica observación pude hacerla en diversos amnésicos de distintas edades y sexos. En todos los casos, al olvidar el individuo la edad que tenía, su organismo paraba desconcertado el proceso de deterioro y dejaba de envejecer.

»Observé también que todos estos pacientes, al recobrar la memoria, recobraban igualmente el ritmo de desgaste celular detenido durante la duración del ataque amnésico.

—Entonces —intervino Xandra—, según usted, bastaría provocarle a cualquier ser humano una amnesia permanente, para que nunca envejeciera.

—No —negaba el sabio alemán-teutón-germánico—, porque esas observaciones fueron solamente la base de mi teoría. El problema del envejecimiento progresivo que nos lleva a la muerte no es tan elemental, pues no es sólo la memoria del individuo la que hay que borrar, sino las memorias individuales de cada una de sus células. Porque cada célula viva tiene su propia memoria, independiente del organismo al que pertenece. Cada célula viva sabe también los años que ha vivido, y envejece al recordarlos.

»De manera que para detener el proceso que conduce a la muerte, tengo que lograr una droga que produzca la amnesia de todos los millones de células que constituyen un cuerpo humano. No la he logrado aún, pero mis experimentos van por buen camino.

—En cuanto la consiga —suplicó Ofidio Robinet al sabio—, mándeme siete frascos de esa droga maravillosa. Lo más trágico que puede sucederle a un *playboy* como yo, es envejecer.

—Eso es sin duda lo que te está pasando —suspiró Xandra, la exótica armenia—: que al recordar los años que tienes, las células se te arrugan. Y esa reacción celular, en ciertas zonas del cuerpo, es catastrófica para ciertas cosas. Necesitas esa droga con urgencia para levantarte la moral.

—¿Cuándo haremos escala en algún puerto? —cambió de conversación el miope delgadito, que no era sabio pero sí sabihondo.

—Cuando el capitán de caballería que manda este barco, aprenda a manejarlo —explicó el viejo bastante rico y

144

bastante verde–. El último puerto frente al cual hemos pasado, fue el de la capital de Malta. Pero la bocana de entrada en La Valette es tan angosta, que el capitán no se atrevió a enfilarla por miedo a rozar el casco. Y pasamos de largo.

–Pues desde que zarpamos de Génova, hemos pasado ante puertos espléndidos. En el de Nápoles, por ejemplo, puede entrar un portaaviones con los ojos cerrados. Sin embargo, el capitán Ember también se rajó.

–Quizá se le haya quitado el miedo cuando lleguemos a las islas griegas –dijo Ofidio Robinet–. Y en ellas hay puertos muy bonitos: en Corfú, sin ir más lejos; o yendo un poco más lejos, en Creta; y también en Rodas...

–¡Qué aburrimiento! –suspiró el sabio alemán–. Si de mí dependiera, no me detendría en ninguna parte de Grecia. Aunque suene a sacrilegio, me atrevo a decir que este país es el más aburrido del globo.

–¿Cómo un sabio de su categoría puede decir semejante cosa? –se escandalizó un dermatólogo palidísimo que acababa de entrar en el bar–. Olvida usted la fabulosa riqueza arqueológica griega.

–No sólo no la olvido, sino que la acuso de ser la causa primordial de ese aburrimiento insufrible. Porque a mí me parece interesante la arqueología e incluso apasionante, cuando descubre y conserva auténticas obras de arte. Obras que por su calidad, si se hicieran hoy mismo, serían igualmente valiosas.

»Pero en el mundo en general, y en Grecia especialmente, abundan los museos arqueológicos aburridísimos e incluso burlescos. Porque a mí me parece una burla que se dediquen edificios enteros a conservar en vitrinas auténticas ridiculeces: trozos de cacharros primitivos, utensilios toscos, piedrecitas a las que los hombres antiguos dieron a porrazos alguna forma vaga y rudimentaria...

»¿Qué valor puede tener para la cultura conservar las pruebas de nuestra todavía muy reciente incultura? Porque eso es lo único que se consigue con los museos arqueológicos: recordarnos que hace solamente unos cuantos cientos de años, éramos tan incultos y tan bestias que apenas sabíamos hacer un plato redondo para comer, ni una vasija armoniosa para beber.

»A mí me deprime profundamente comprobar, en las vitrinas de esos museos grotescos, lo cerca que estamos aún de los salvajes que tallaron las primeras hachas y puntas de lanza en pedruscos de sílex. Creo que a todo ser humano inteligente y progresista debe entristecerle horrores toda esa porquería rudimentaria, que pone en evidencia la brevedad del tiempo transcurrido desde el inicial mono-ignorante, al actual *homo-sapiens*.

»La torpeza de nuestros antepasados, no tan remota para vergüenza de las generaciones actuales, no merece los honores de un museo. Del mismo modo que en ninguna familia se conservan los trabajos manuales de un tatarabuelo cretino, deberíamos tirar a la basura todas las marranaditas conservadas en los museos arqueológicos: pellas de barro cocido con un atisbo de tosca decoración, piezas de metal enmohecido que lo mismo pudieron ser tenedores para comer o peines para despiojarse, objetos puntiagudos y planos que servían para pinchar y aplastar, uno de los mil pedazos que quedó al caer un ánfora a un suelo fenicio, la bola de barro con la que algún cretense o algún cretino empezó a jugar a la pelota, el dibujo de un notable artista celta o caldeo del que hoy no presumiría ni un niño de cuatro años...

»¡A la basura todos estos vestigios del salvajismo antiguo! Un pedrisco adquiere únicamente el derecho a ser museable cuando las manos de un verdadero artista lo transforman en la Venus de Milo, en la Dama de Elche, o en la Victoria de Samotracia. Fuera de estas excepciones, la arqueología no es más que un despreciable montón de escombros, chatarra y cacharrería hecha pedazos.

–Pero si le hicieran a usted caso y desapareciesen los museos arqueológicos –observó el dermatólogo–, ¿de qué iba a vivir Grecia? Y quien dice Grecia, dice todos los países ribereños del Mediterráneo. Porque todos estos pueblos, viven en buena parte de enseñarle al turismo las reliquias de su pasado.

–Tienen otra fuente de ingresos igualmente eficaz y mucho menos aburrida.

–¿Cuál? –quiso saber Ofidio Robinet, y el sabio teutón se lo explicó:

–El sol.

–Pero esa fuente se les puede acabar –replicó el dermatólogo con una sonrisa enigmática.

–De momento, no hay peligro de que el sol se apague.

–Pero sí lo hay de que dejen de pagarme –volvió a decir el dermatólogo.

Todos los reunidos en el bar –Ofidio Robinet, Xandra, el miope delgadito, el viejo bastante verde, el sabio germánico, y un polizón que había salido del bote salvavidas en el que se ocultaba para estirar las piernas–, miraron con extrañeza al especialista en piel.

–¿Qué quiere usted decir? –preguntó con curiosidad el sabio alemán, pues había llegado a sabio a fuerza de ser curioso.

–Que el peligro para estos países soleados no es que el sol se apague, sino que dejen de pagarme –repitió el dermatólogo–. Porque si yo dejara de percibir el canon que

147

me abonan todos los meses, les cortaría la fuente turística de ingresos.

—¿Cómo? —quiso saber el miope delgadito, que no era sabio pero sí sabihondo.

—Publicando el libro que tengo escrito hace muchos años titulado *El sol es un asesino*. Aunque ustedes no me conozcan, puedo asegurarles sin ninguna vanidad que soy una eminencia mundial en dermatología. Nadie conoce las enfermedades de la piel humana tan bien como yo, ni nadie podrá igualar nunca mis conocimientos en esa especialidad. Me basta con ver el más insignificante granito en la tersura de una epidermis, para diagnosticar el comienzo de un cáncer o de un simple golondrino. Pues bien: *El sol es un asesino* recoge los resultados de todas mis investigaciones en materia dermatológica relacionada con la acción solar sobre la piel. Y demuestra de una manera tan concluyente como irrebatible, que los baños solares son mortales para el organismo humano. Exponerse al sol es como ponerse en manos de un criminal para que nos mate poco a poco.

»Mi libro destruye todas las teorías helioterápicas y las acusa de ser, no sólo falsas, sino nefastas.

»Jamás se escribió un texto científico tan concluyente y contundente para alertar a la Humanidad contra un gravísimo peligro que acecha su supervivencia. Tengo pruebas aplastantes de que el sol efectivamente es un asesino. Tan aplastantes que si mi libro llegara a publicarse, el sol sería declarado enemigo público número uno del género humano. Por eso precisamente no se publica: porque presenté el manuscrito a las autoridades de los países más soleados, más afectados por lo tanto por el problema. Y tanta impresión les causó la lectura, que aquí me tienen ustedes desde hace muchos años: viviendo como un rey y sin dar golpe, de los fabulosos derechos de autor que me produce la no publicación de un solo libro.

»El sol no se apagará y, mientras me paguen, seguirá asesinando gente. Pero si dejaran de pagarme, publicaría mi libro. Y todos esos países que viven fundamentalmente de ser auténticos *solariums*, se quedarían desiertos y arruinados.

–Sin embargo –criticó el sabio alemán–, es una vergüenza que un médico ilustre como usted silencie un importante descubrimiento científico a cambio de unas pocas monedas.

–En primer lugar –rebatió el dermatólogo– no son pocas las monedas, ya que mis ingresos mensuales ascienden a varios millones. Bastantes más de los que necesitaría cualquier hombre insobornable para dejar de serlo. Y en segundo lugar, ¿qué importa que la gente muera asesinada por el sol, por un terrorista, o por otra causa cualquiera? Si la vida no es más que un relámpago entre dos infinitos, como definía el filósofo Osvaldo Spengler, ¿qué importancia puede tener que el relámpago dure unos cuantos segundos de más o de menos?

»A tan sabia conclusión llegamos los médicos al alcanzar esa cota de sabiduría que nos hace confesarnos a nosotros mismos: sólo sabemos que no sabemos nada.

»Lo menos que puedo hacer a cambio de darme tan buena vida, es dejar a la Humanidad en libertad de morir como se le apetezca. Y una muerte muy agradable, quizá la más agradable de todas, es la que nos llega poco a poco achicharrándonos en la playa, con los sesos abrasados por el sol...

El *Budapest*, único transatlántico con bandera húngara, navegaba a media máquina porque la otra media se había escoñado por impericia de su capitán, que era de caballería y se le notaba.

Segunda parte

A vueltas con nuestra guerra

UNA COTA LLAMADA «JOSEFA»

PEDAZO 1

Hay tíos que nacieron de pie, y otros que nacimos de culo. Habrá quien diga que no desperdicio ocasión de poner por delante esta parte de mi anatomía, para mí la más importante pues por algo soy masculino (1), pero esta vez la cito en el sentido de haber nacido con mala pata.

Porque no se puede nacer con peor pata que yo, Jesús, María y José. Hoy mismo, sin ir más lejos, el modista me acaba de echar a perder una tela monísima que un amigo me trajo de París para que me hiciera unas blusitas. Pues, hijo: después del destrozo, me he quedado sin blusitas como me quedé sin abuela. El muy manazas se empeñó en cortar la pieza al bies; y las mangas, no sólo me tiran de la sisa, sino que encima me respingan.

En fin: una facha que tendré que regalar a un pobre, suponiendo que encuentre algún pobre que me acepte las blusitas. Porque en este país, hasta los pobres son machistas; y si les regalas una cosa moña son capaces de tirártela

_____

(1) *Masculino:* dícese del hombre (es un decir) que usa más su culo que los tíos corrientes.

153

a la cara. Un motivo más para estar enfurruñado, y la verdad es que la vida no me proporciona muchas ocasiones para salir de mi enfurruñamiento. Ya he dicho que nací de culo.

Puedo decir también que de culo he vivido, y que de culo moriré. ¡Ay, qué fúnebre me estoy poniendo! Pero es natural. Si me paro a pensar, y precisamente ahora acabo de pararme a eso, llego a esta conclusión:

Este que yo llamo con mucho salero el siglo de las dos crucecitas, o sea el XX, me sugiere estas meditaciones: el siglo habrá tenido, cuando termine, treinta y seis mil quinientos días y pico. El pico es para meter esos días de más correspondientes a los años bisiestos, que añadirán unas cuantas semanas a la respetable cifra total. ¡Pero qué bien calculo, Jesús, María y José!

Volviendo al cálculo, pues me gusta dar una de cal y otra de culo, diré que tan mala pata tengo que fui a nacer en uno de los días más aciagos de este siglo:

¡El 18 de julio del año 1936!

Y no nací, puñetero de mí, en ninguno de los muchísimos países que en aquella fecha vivían en paz. No. Fui a nacer en el único que aquel mismo día empezaba una guerra; y además civil, que es el tipo de guerra que más escuece.

Dentro de la desgracia, con un mínimo de suertecilla, pude nacer en alguna parte tranquila del país, que al principio también las había hasta que la guerra se generalizó. Pero ni eso, porque mi madre se puso a parir muy cerca de un pueblo en el que hubo follón desde el primer momento.

El pueblo estaba cerca de Madrid, según se va hacia la Sierra a mano izquierda, y se llamaba Cagarruta del Gorrino. El nombre de Cagarruta le iba muy requetebién, pues-

154

to que era una aldea bastante asquerosita; y supongo que el Gorrino debía de ser el cacique de aquel término municipal, que además de alcalde era el propietario de todos los terrenos colindantes, y también de algunos que no colindaban. Lo cual le permitió al muy gorrino, años después de que acabase la guerra y comenzaran las gorrinadas de la especulación del suelo, tirar el pueblo abajo y forrarse transformando lo que había sido Cagarruta del Gorrino en una urbanización de superlujo que hoy se llama Campo Regio del Infante.

En las afueras de aquel pueblo hoy desaparecido bajo las piscinas y los chalets de alto *standing*, precisamente en el lugar donde ahora se alza el Club Social de Campo Regio, se alzaba entonces el merendero de Cagarruta del que eran dueños mis papás. Digo se alzaba porque suena fino, pero la verdad es que de alzarse nada, monada, pues el merendero era un tenderete que apenas levantaba dos metros del suelo, adosado a un barracón de una sola planta.

Bajo el tenderete se sentaban los parroquianos en mesitas y taburetes, mientras el barracón servía de vivienda a mi familia al mismo tiempo que de almacén para las comidas y bebidas. Todo el local era lo que llaman en Cataluña, con mucha propiedad, un chiringuito.

Mi familia se componía de un padre, una madre, una hermana mayor, y un pariente tan viejísimo que ya nadie recordaba si era un abuelo paterno, materno, o un simple tío más o menos carnal.

En este escenario y en compañía de estos personajes me dispuse a venir al mundo en la mañana del 18 de julio de 1936. Pero retrasé mi nacimiento algunas horas al oír que había jaleo a la salida de mi madre.

–¿Pero qué es lo que pasa? –preguntó ella desde la

cama donde se había puesto a parir, pues ella también había oído el jaleo y cerró las piernas por si las moscas hasta saber lo que pasaba.

–Tú sigue pariendo y no te preocupes –la tranquilizó mi padre que llegaba en ese momento del pueblo, al que había ido una hora antes para traer al médico.

–¿Cómo no voy a preocuparme –protestó mi madre–, si hace rato estoy oyendo una ensalada de tiros? Algo muy gordo tiene que estar pasando para que tú, que fuiste a traer al médico, hayas vuelto en esas condiciones.

–¿En qué condiciones? –preguntó mi padre haciéndose el loco.

–Con la gorra agujereada por dos balazos, y trayendo en lugar del médico al veterinario.

–A ti, Josefa, es imposible engañarte –suspiró mi padre quitándose la gorra que estaba efectivamente agujereada por dos balazos–, porque te fijas en todo. La verdad es que el pueblo anda bastante revuelto desde primeras horas de la mañana, y que tanto por la calle principal como por las adyacentes se ven grupos armados disparándose sin ton ni son. Al principio se piensa que son grupos de cazadores, pero se deja de pensar esa gilipollez al no ver ningún conejo por los alrededores. La situación es confusa y no hay forma de aclararla preguntando a los grupos armados, porque como respuesta te descerrajan un tiro.

–¿Pero qué ha pasado con el médico?

–Que está muy ocupado curando heridos de bala, y por eso me traje al veterinario.

–Me trajo engañado –gruñó éste señalando a mi madre–, diciéndome que la parturienta era una vaca.

–Algo tenía que decirle para que no se negara a venir. Porque al fallarme el médico pensé que usted podría echarnos una mano. Al fin y al cabo, aunque mi señora no

sea una vaca, tiene las mismas hechuras. Es gorda, volumi-
nosa, y también bastante bestia.

—¡Celedonio, por favor! —protestó la que estaba a punto
de ser mi madre.

—Calla, Josefa —replicó el que estaba a punto de ser mi
padre—. Si no le convencemos, no tendrás asistencia médica en el parto.

Costó trabajo convencer al veterinario, cuya clientela
era cuadrúpeda, de que asistiera a aquella clienta bípeda.
Pero al fin se consiguió, aunque con ciertas condiciones:

—Cuando le empiecen los dolores de dilatación —dijo el
veterinario a Josefa—, grite «¡mu!».

—¿Y por qué voy a gritar esa grosería? —se rebeló ella.

—A usted le costará el mismo esfuerzo que gritar «¡ay!»,
y yo me sentiré más en mi ambiente.

—¿Le daría igual que gritara otra cosa? —le pidió mi madre—. La verdad es que «¡mu!» me parece una ordinariez.

—Si lo prefiere —concedió el veterinario—, grite «¡guau!».
Pero parecerá que está naciendo un hijo de perra.

—En ese caso —se resignó la parturienta—, gritaré «¡mu!».

Lo gritó solamente un par de veces porque yo, en
cuanto amainó el tiroteo que se oía no muy lejos del merendero, asomé la cabeza al exterior.

—¿Es niño o niña? —preguntó mi padre con impaciencia.

—Por la cara de bruto que tiene —dedujo el veterinario—,
parece niño. Pero no lo sabremos hasta que salga del
todo.

¿Cara de bruto yo? ¡Pero si debí de ser un sol de criatura! Pero ya se sabe que los veterinarios, en cuestión seres humanos, no entienden ni pun y tienen un gusto fatal.

Salí con cierta dificultad porque yo era regordete, metidito en carnes, y la salida angosta. Además el cordón umbilical se me había anudado al cuello como una corbata, y

¡menudo sofoco pasé para respirar! Hubo que llamar al pariente anciano que era muy mañoso para que deshiciera el nudo.

El veterinario acertó a deducir que yo era varón –bueno: puede decirse que acertó a medias–, pero mi padre no se puso verdaderamente contento hasta que no me vio con sus propios ojos la minina. ¡Jesús! ¿Cómo puede ilusionarle a un señor ver un colgajito tan asquerosito? En fin, allá él. A mí me sigue pareciendo una estupidez que se alegrara tanto, porque la alegría de tener un varón sólo está justificada cuando el padre es Rey y el recién nacido puede llegar a ser heredero del trono. Pero cuando el padre no es más que propietario de un mísero merendero llamado «Casa Josefa», ¿qué puñetas puede importarle que le nazcan hijos varones o hembras? Para ayudarle en el negocio, igual friega los cacharros y sirve a la clientela un camarero que una camarera. Vamos, digo yo.

Me imagino que esta preferencia por los machos de los padres españoles, será una más de las muchas estupideces derivadas del anacrónico machismo ibérico. Con lo cariñosas que son las niñas, ¿verdad? Pues nada, monada: ¡queremos tener hijos con pilila, aunque sean tan brutos como Atila!

Porque como Atila debían de ser los brutos que no pararon de tirotearse durante todo el día de mi nacimiento. Por la noche dijeron por la radio de Madrid que bastantes militares se habían sublevado en distintos puntos del país, pero que las tropas leales a la República les estaban zurrando la badana.

–¿Y cómo no se ha acabado todavía con los sublevados?

–Porque deben de tener la badana durísima.

Se recomendaba al pueblo que no perdiera la calma,

recomendación que sólo sirve para que el pueblo se ponga más nervioso todavía porque es señal de que está pasando algo gordísimo.

La radio, sin duda para refrescar los ánimos, transmitía constantemente el Himno de Riego. Pero ni poniendo el aparato al máximo volumen conseguía mi familia dejar de oír los tiroteos que seguían entablándose en el pueblo y sus alredededores.

Entre el calorazo que hacía y las balas que volaban en todas direcciones como insectos rapidísimos, era muy lógico que el personal de Madrid y su provincia no tuviera ganas de salir al campo a merendar. Y el negocio del merendero iba fatal. Lo cual fue una suerte, porque todos los víveres que se habían almacenado para atender a la clientela, nos sirvieron para sobrevivir nosotros cuando las cosas se pusieron más feísimas aún. Porque pese a que la radio decía que la sublevación de los militarotes estaba a punto de ser sofocada, ese punto para el sofoco no se alcanzaba nunca, o sea que la única sofocada era la población civil, que a fuerza de sustos estaba sofocadísima.

Los tiros que sonaban a nuestro alrededor eran tan frecuentes y tan próximos, que algunas balas entraban por una ventana y salían por otra, rompiendo de paso los cristales de ambas. Lo cual obligaba a que toda mi familia anduviese por el interior de la casa de rodillas, con el fin de que los balazos les pasaran por encima de la cabeza.

A primeros de agosto, justamente cuando la radio estaba diciendo que los últimos rebeldes se estaban entregando a las fuerzas republicanas, una de aquellas balas se metió por el altavoz del aparato y escoñó todas sus tripas; o sea, el cogollo de la maquinaria.

Al escoñarse la radio mi familia se quedó incomunicada en mitad de aquel follón, sin tener ni la menor idea de lo que realmente estaba ocurriendo. Y como no era cosa de salir a averiguarlo, porque te dejaban como un pajarito por un quítame allá esas balas, allí se quedaron mis familiares achantaditos e ignorantes, en espera de que volviese la normalidad.

Estaban lejos de sospechar que la normalidad tardaría casi tres años en volver, y que cuando volviese sería una normalidad mutilada por una guerra en la que todos perdimos algo.

PEDAZO 2

No hace falta decir que todos los sucesos de la guerra civil, que para unos era una sublevación, para otros una cruzada y para mí una bestialidad, me los contaron cuando fui lo bastante mayor para retenerlos en la memoria y poder contarlos ahora.

Lo que sí he hecho es reconstruir con lo que me contaron todo lo que ocurrió a mi alrededor, cuando yo era un recién nacido criado a botella de coñac. Porque a mi madre, con tanto sobresalto motivado por el incesante tiroteo, se le retiró la leche. Por lo visto la leche es muy asustadiza, y se retira de las tetas maternas en cuanto hay follón. Así que de las tetas maternas, tuve que pasar a las botellas paternas. Como en medio de aquel fregado no había forma de agenciarse biberones, hubo que improvisarlos con botellas de coñac. En una de estas botellas cedidas por mi padre, empezó mi crianza. Era de coñac, pero estaba casi vacía cuando empecé a usarla yo.

En las reservas alimenticias del merendero había por suerte muchos botes de leche condensada para atender a los parroquianos que la pedían para merendar, y gracias a ellos estoy aquí. Con la botella de coñac casi vacía y un dedil de goma del pariente ancianísimo, que lo llevaba desde que un negro le mordió un dedo en la guerra de Cuba, me hicieron el primer biberón del que chupé hasta echar el primer diente.

Con suerte de que no nos alcanzara ninguno de los balazos intercambiados por los contrincantes en la fase previa, pasamos todo el verano y gran parte del otoño.

—Si al menos tuviéramos la radio para saber lo que está pasando... –gruñía mi padre.

—No lo sabríamos tampoco –le consolaba mi madre–, porque imagino que todas las emisoras seguirán tocando el Himno de Riego y diciendo que la sublevación está a punto de ser sofocada. Y sin embargo, siguen oyéndose los mismos tiros que al principio.

—Los mismos, no –corregía el pariente ancianísimo, que por haber estado en la guerra de Cuba era experto en estampidos causados por armas de fuego–. Al principio disparaban con pistolas, con escopetas de caza, y muy raras veces con fusiles de reglamento. Eso significaba que los sublevados echaban mano de las armas que tenían a su alcance, armas caseras para espantar ladrones o armas para cazar perdices y conejos. Ahora en cambio predominan los disparos de fusil, el tableteo de las ametralladoras, y empiezan a oírse algunos cañonazos. Lo cual me hace suponer que lo que empezó siendo una rebelión anárquica y desorganizada, de grupos sueltos sin coordinación, se está convirtiendo en una guerra seria.

Inútil decir que el pariente ancianísimo acertó en sus suposiciones, porque todos sabemos que así empezó la guerra que los historiadores llaman civil no sé por qué, pues fue la más incivil de todas nuestras guerras.

Era natural que los sublevados, al no poder conseguir la

161

victoria en los primeros envites, llevaran la lucha al terreno que profesionalmente más les favorecía. Porque como eran militares, su profesión era guerrear. Y frente a una masa más numerosa, pero inexperta en las técnicas del juego bélico, no hacía falta ser profeta para pronosticar quién ganaría la partida si se jugaba en los campos de batalla.

(¿No es asombroso que una locatis como yo pueda razonar con tanta lógica? Está visto que en mi gremio somos muy sensibles, y la claridad en los juicios es el resultado de nuestra sensibilidad. Chúpate ésa, marquesa.)

El error de los republicanos fue ése precisamente: no aplastar las algaradas iniciales y los enfrentamientos callejeros, dejando que de la calle pasaran al campo. Porque en el campo, con ayuda de la ciencia castrense (que no viene de castrar sino de militar), un puñado de profesionales organizados puede derrotar fácilmente a un enjambre de aficionados sin organización.

Con los primeros fríos del otoño, los sublevados lograron su primer objetivo: crear un frente con trincheras, nidos de ametralladoras y cañones, para aplicar a la lucha las lecciones aprendidas en las escuelas del ejército.

Dio la casualidad de que el frente que se trazó en el mapa pasaba por Cagarruta del Gorrino, y una vez más la mala pata que siempre tuve hizo su aparición en aquella circunstancia: nuestro merendero quedó situado entre las líneas enemigas, en esa franja de terreno que en lenguaje militar se llama «tierra de nadie».

Dentro de la mala pata tuvimos la suerte de que el frente se estabilizara en aquel sector, limitándose las acciones de los enemigos enfrentados al intercambio esporádico de disparos que nos pasaban silbando por encima de la cabeza. O sea que con andar en cuclillas, mi familia no estaba en peligro de muerte.

162

Gracias a la estabilización de las líneas pudimos quedarnos en nuestra casa, comiendo bien y bebiendo mejor a base de las abundantes provisiones acumuladas para el negocio familiar. Algo arriesgadillo era permanecer en la tierra de nadie, expuestos a que los disparos intercambiados, que habitualmente eran de fusil, fueran algún día de cañón y nos mandaran a hacer puñetas.

Pero más arriesgado aún era abandonar el merendero y unirnos a cualquiera de los bandos contendientes. Porque mi familia no era política, pero tampoco era tonta. Y no sabiendo quién iba a ganar, ¿a qué bando se podía unir? Porque todo el mundo sabe que unirse al perdedor de una guerra, es un pésimo negocio.

De manera que en la duda y a la espera de ver hacia qué lado se inclinaba la victoria final, lo más prudente era permanecer neutral entre ambos contendientes.

—Pero algún día nos darán un susto —profetizaba mi madre que estaba siempre palidísima pues del miedo que tenía, no sólo se le había retirado la leche del pecho, sino también la sangre del rostro.

Y acertó a medias porque el susto nos lo dieron, no un día, sino una noche.

PEDAZO 3

Estábamos todos durmiendo, incluso yo que dormía en un cajón vacío habilitado como cuna, cuando se oyeron disparos de fusil muy cerca de la casa. Sonaron después golpes tan fuertes en la puerta, que la pobre no pudo resistir y cayó derribada.

Irrumpieron entonces varios hombres armados, que nos apuntaron con sus armas mientras gritaban:

–¡Rendíos en nombre de España!

Nos rendimos en nombre de España, aunque nos habríamos rendido lo mismo en nombre de cualquier otro país, porque a ver quién es el guapo que no se rinde si le apuntan con un máuser a la barriga. No opusimos resistencia, aunque yo fui el único que protesté contra aquella invasión berreando como un condenado porque me habían despertado.

Pero los hombres no hicieron caso de mi protesta y tomaron posiciones en las ventanas, desde las cuales estuvieron un rato disparando hacia las tinieblas exteriores.

A primera vista no era posible saber a qué bando pertenecían, pues aunque vestían de uniforme, estaban tan sucios y cubiertos de polvo que no había manera de ver con claridad ningún emblema o distintivo que ayudara a indentificarles. Lo cual puso a mi papá en un aprieto cuando el oficial que mandaba aquella tropa, al que se le distinguía una estrella en el gorro debajo de toda la mugre que llevaba encima, se encaró con él para preguntarle:

–Supongo que serás de los nuestros, ¿verdad, camarada?

–¡Pues claro! –se apresuró a contestar mi padre, escudriñando con angustia y sin éxito el uniforme del oficial para tratar de descubrir a qué bando pertenecía.

–Saluda entonces a nuestra bandera –ordenó el oficial señalando un palitroque con un rectángulo de tela en la punta, que uno de sus hombres llevaba metido en el cañón del fusil.

«Estoy salvado –pensó mi padre–: según los colores de la bandera, sabré si debo saludarla levantando el brazo con la mano abierta o con el puño cerrado.»

Pero por desgracia para él la tela de aquel banderín estaba tan desteñida por su permanencia a la intemperie, que no había forma de distinguir su colorido.

–¡Vamos, saluda! –apremió el oficial echando mano al pistolón que llevaba al cinto.

Una vez más a lo largo de aquella guerra estuve a punto de quedarme huérfano, pues mi papi no sabía qué hacer y aún vacilaba cuando la pistola ya había salido de su funda.

Optó al fin, en última instancia, por levantar el brazo con la mano ahuecada, a medio camino justo entre abrirla del todo y cerrarla por completo.

La artimaña bastó para satisfacer al oficial, que en la penumbra creyó ver la mano de mi padre completamente abierta. Porque la tropa que nos había invadido la casa, era «facciosa» o «nacional», según se mirara.

Una hora después y en vista de que el enemigo no contestaba al fuego que se le hacía desde nuestras ventanas, la fuerza invasora cantó victoria. Y no sólo la cantó sino que también la bailó, pues el oficial se puso a dar unos saltos bastante rítmicos mientras decía:

–¡Seguimos nuestro avance victorioso! ¡Hoy hemos tomado la cota siete mil quinientos ocho!

–¿La cota qué? –se extrañó mi padre–. Lo que han tomado ustedes es un merendero que se llama «Casa Josefa».

Pero el oficial no le hizo caso. Tenía gracia la cosa: el cacho de tierra ocupado por el merendero, que en lenguaje de excursionista se llamaba «Casa Josefa», se llamaba en lenguaje militar «cota 7.508». Y para celebrar la conquista, los conquistadores pidieron que se les diera de beber.

Mientras dos de ellos montaban guardia en las ventanas, los cinco restantes se bebieron cuatro botellas de vino y una de coñac.

–Estaréis contentos de que os hayamos liberado, ¿verdad, camarada? –preguntaba el oficial a cada momento, echando mano al pistolón que llevaba al cinto para disipar cualquier duda.

–¡Pues claro! –respondía en seguida mi familia, antes de que desenfundara el pistolón.

Lo malo fue que el avance de aquella tropa se detuvo en nuestra cota, y los libertadores se quedaron en casa durante todo el tiempo que duró su liberación. Que no fue mucho, pero sí lo suficiente para que mi familia no se puede decir que intimara con ellos, pero sí que llegó a conocerlos bastante a fondo.

La razón de que no siguieran avanzando fue sin duda la llegada del invierno, que llegó de la noche a la mañana como llega siempre a la provincia de Madrid. El frente en aquel sector se quedó literalmente congelado, pues hacía tanto frío que no se podía dar un paso fuera de las fortificaciones sin correr el riesgo de resbalarse en el hielo y romperse las narices. Y en esas condiciones, ¿quién es el guapo que sale a guerrear? Lo mejor es quedarse en casita, aunque la casita en la que le pilla a uno el invierno no sea la de uno, como les ocurrió a nuestros presuntos libertadores.

Bien cerradas las puertas y las ventanas, reforzadas con sacos de tierra para impedir tanto la entrada del frío como de las balas, la tropa «facciosa» o «nacional» según se mire, permaneció muchos meses en la «cota» o «Casa Josefa» que había conquistado.

PEDAZO 4

Mi protector, al que acabo de enseñarle los tres pedazos de mi guerra que ya escribí, me dice muy criticón:

–¡Ni pun, hijito! De técnica narrativa no tienes ni puta idea.

–¿Por qué dice usted eso, don Gerardo? –le pregunto haciendo un mohín para luego quedarme compungido. Porque soy muy sensible y me compunjo con facilidad cuando me critican.

–Según llevas el relato, hijito, en el capítulo siguiente deberías describir a esa tropa que invadió tu casa cuando acababas de nacer.

–Ésa era mi intención –confieso tratando de contenerme, para no compungirme demasiado.

–No puedes hacer eso, amor, porque aún no has acabado de presentar a tu familia.

–¿Cómo que no? –trato de defenderme, compungiéndome un poquito más–. Ya he explicado que se componía de mis padres...

–...de una hermana mayor –continúa mi protector–, y de un pariente viejísimo cuyo parentesco era vaguísimo. Eso es lo único que el lector sabe hasta ahora, y no le basta para entrar en situación y ponerse en tu lugar. O sea que debes completar la presentación de tu familia haciendo el retrato de tus familiares.

–Pensaba hacer esa presentación más adelante –me disculpo–, a medida que fuese creciendo un poco. Tenga en cuenta que acabo de nacer como quien dice, y el relato de mi nacimiento está calentito todavía...

–A pesar de todo –me corta don Gerardo poniéndome una mano en el muslo–. Las autobiografías hay que contarlas desde el principio, y todos empezamos nuestra vida rodeados de algunos personajes familiares.

–Está bien –transijo y continúo–: Ya dije que mi padre se llamaba Celedonio, y añado ahora que su apellido era Sigüenza. Aunque muchos graciosetes ramplones que le conocieron de joven, víctimas de sus negociejos y trapisondas, le intercalaban al apellido la partícula que le faltaba para transformarlo en Sinvergüenza.

Porque mi padre fue en su juventud un pícaro trashumante, que suena bien y lo copio de algún sitio donde lo leí. Sin ser gitano puro debía de tener en la sangre un ramalazo de gitanería que no se le salió del cuerpo hasta alcanzar la madurez, cuando perdió casi toda la sangre que llevaba dentro a consecuencia de dos cuchilladas recibidas en una reyerta.

Celedonio Sigüenza se titulaba a sí mismo «corredor de comercio», título profesional que le iba como anillo al dedo puesto que se pasaba la vida corriendo de un pueblo a otro para escapar de quienes siempre acababan por descubrir sus trapacerías comerciales.

Verdadero sindicato andante de actividades diversas, fue entre otras muchas cosas vendedor de crecepelos, callicidas, bragueros, gaseosas medicinales, pulseras antirreumáticas, elixires amorosos, aparatos para robustecer los pechos caídos y para alargar los penes cortos...

También vendió una loción de doble efecto inventada por él, que era al mismo tiempo antiparasitaria y depilatoria, pues bastaba una sola aplicación en cualquier zona pilosa para que parásitos y pelos desaparecieran como abrasados por un incendio forestal.

El haber dejado calvos a los habitantes de dos pueblos, que eran algo piojosos pero sumamente peludos, le obligó a buscar una fuente de ingresos más honesta y menos perniciosa. Y como imaginación no le faltaba, encontró esta fuente en el vasto campo de nuestro tipismo, sector gastronómico.

En sus andanzas por las zonas rurales del territorio nacional, tuvo ocasión de comprobar que muchos lugares adquieren prestigio y notoriedad gracias a la fabricación de alguna golosina típica. Cuando no son las mantecadas de Astorga, son las tortas en aceite de Alcázar, las almendras garrapiñadas de Alcalá, o los mazapanes de Toledo.

Todo pueblo debe procurar sacarle una pasta al forastero, pues es poco lo que se le saca invitándole a ver monasterios y castillos ruinosos que nunca faltan en ninguna parte. Con este fin los pueblos más astutos crean estas pequeñas industrias empalagosas, que resultan siempre rentables.

Pero no todos los alcaldes tienen imaginación creadora, aunque raro es el lugarejo que no disponga de algún ingrediente típico de la región para fabricar alguna de estas golosinas.

Y en esto consistía el negocio que montó mi padre: en inventar golosinas para los pueblos que no tenían inventiva. Creaba el dulce basado en los productos locales predominantes, y vendía la receta a la alcaldía para que ella se encargara de montar la producción en serie.

Si el producto que predominaba en un pueblo era el pimiento morrón, Celedonio Sigüenza inventaba los «cipotes de San Froilán» que consistían en pimientos rellenos de piñones machacados en miel, emergiendo de una pelambrera hecha con cabello de ángel.

Si el pueblo era tan pobretón que sólo producía pan, Celedonio Sigüenza hacía unos «torrijones quematripas», a base de mendrugos empapados en orujo purísimo, que al entrar en contacto con los jugos gástricos se flambeaban espontáneamente dentro de la cavidad estomacal, provocando un tonificante ardor capaz de resucitar a un muerto.

Utilizando siempre el ingrediente que más abundaba en cada localidad, mi padre inventó los «bolondrones del

Señor Obispo», las «plastas candongas con ajonjolí», los «chupones de Cantabatuecas», los «pendejos del Vallejo», las «tetillas de mozuela bravía», el «cojoncete maragato al pimentón», y muchos dulces más, originalísimos todos ellos, que sirvieron para aumentar el tipismo y los ingresos de muchos pueblecillos.

En uno de aquellos lugarejos al que acababa de vender una receta para fabricar «pedos de cabrito», variación asilvestrada y montaraz de los buñuelos de viento, mi padre conoció a mi madre.

Ella trabajaba de pincha en la cocina del mesón donde él lanzó los primeros «pedos» que fueron adquiridos por el alcalde de la localidad. Y así fue como aquel caballero, andante y mangante, encontró a su Dulcinea. Y nunca mejor llamada así, puesto que ella le iba a ayudar horrores en la preparación de sus dulces. Pero claro está que ella no se llamaba Dulcinea, ya que en los pueblos son demasiado brutos para poner nombres tan bonitos. Ella se llamaba Josefa y gracias, que fue el nombre más vulgar que encontraron sus padres para vengarse de que hubiera nacido hembra y no varón, ya que en el campo sólo se desea tener varones por ser más recios y aptos para tirar del arado, para destripar terrones, y para todas las tareas campestres en general.

De manera que los padres de la chica, cuando Celedonio pidió su mano, se pusieron muy contentos y le dijeron:

—¿Pides la mano nada más? ¡Llévatela toda, hombre! Y bien venido seas por quitárnosla de encima para ponértela debajo.

Además de concederle la mano y el resto del cuerpo, le regalaron un saco de garbanzos y varios chorizos. Porque en los tiempos durísimos que corrían, era más difícil conseguir casar a una hija que poner una pica en Flandes.

170

Todavía rodaron por los pueblos algunos años más aquel caballero andante y su Dulcinea, hasta que ella se quedó preñada por cuarta vez. Las tres primeras tuvo otros tantos abortos, porque no se puede gestar como Dios manda cuando se va de un lado para otro y no se para ni dos noches en la misma cama. En el cuarto embarazo Josefa confesó que ya estaba aburrida de abortar, y que quería detenerse en alguna parte a parir lo que viniera.

Andaban por aquellos días no muy lejos de Madrid, inventando golosinas típicas para salvar de la miseria a las paupérrimas aldeas de la provincia madrileña, que tan escasas andan siempre de recursos porque todas las fuentes de riqueza se las chupa la capital.

Tampoco a mi padre le pareció mal la idea de detenerse en alguna parte, aunque sólo fuera para descansar un rato después de haber andado sin parar durante toda su vida.

Y así le surgió la idea de montar un merendero en las afueras de Cagarruta del Gorrino, aprovechando una barraca que se construyó para almacén de granos, y que fue abandonada al no haber en la región granos suficientes para ser almacenados.

Puede decirse que Celedonio Sigüenza fue un precursor de los paradores turísticos que se abrieron en toda España algunas décadas después, aunque en la época en que él abrió su merendero no había aún turistas suficientes que justificaran la apertura de un solo parador. Pero ya se sabe que los precursores son precisamente los que adivinan las cosas que van a pasar cuando falta mucho tiempo para que pasen.

Poco después de nacer el merendero, que fue bautizado con el muy original nombre de «Casa Josefa», nació en

171

él mi hermana mayor. Y aún no comprendo por qué, pues precedentes no había en la familia de un nombre tan feísimo, se bautizó a la neófita llamándola Restituta. Al crecer ella misma se encargó de apocoparlo para disfrazar su fealdad, y con el apócope el horrendo nombrecito se redujo a Tuta. Mi hermana hizo bien en apocoparlo, pues esta mitad final se mantuvo sin ninguna variación a lo largo de toda su vida. Sin embargo la primera mitad sí sufrió una transformación con las privaciones que pasó la chica después de la guerra, y de Resti se convirtió en Prosti. Pero de esa parte de la historia de Tuta no quiero hablar, porque también yo he tenido mis defectillos y ella los ha respetado. Ella cuando habla de su hermano me llama «el locuelo», y no se refiere a mí llamándome «el mariconazo». O sea que si ella me respeta, bien puedo respetarla yo. Diré por lo tanto únicamente que mi hermana nació en el merendero seis años antes que yo, y en circunstancias mucho menos dramáticas.

Del otro personaje que vivía con nosotros cuando empezó la guerra y mi vida, de aquel pariente lejano y viejísimo, no puedo dar más detalles que los pocos que ya di. Mis padres nunca nos contaron, ni a mi hermana ni a mí, quién era en realidad. Y como a nosotros tampoco nos interesaba averiguarlo, le llamábamos «abuelito» sin preocuparnos de que fuera verdaderamente nuestro abuelo. Conociendo a mi padre, que se pasó tres cuartos de su vida engañando a todo el mundo, es posible que aquel viejecito fuese un engaño también.

Quizá al viejo no le unía con nosotros ningún parentesco. Puede que a mi padre se lo dieran en algún cambalache, a cambio de un borrico o de una ternera. Puede que lo recogiese en alguna de sus correrías al encontrárselo abandonado por ahí, o que se lo quedara en prenda para

172

saldar alguna deuda de juego sucio. Puede sencillamente que le ofreciera la colocación de pariente nuestro a cambio de un pequeño sueldo. Porque para establecerse con seriedad en algún sitio poblado por gente decente, siempre es bueno poder exhibir un pariente anciano y respetable. Pretender establecerse en un sitio sin llegar acompañado de un abuelo, levanta tantas sospechas como pedir habitación en una fonda sin traer equipaje. La maleta prestigia al viajero tanto como el viejo pariente al forastero. Y si mi padre carecía de algún abuelete auténtico, era muy capaz de inventárselo para que en Cagarruta del Gorrino creyeran que los propietarios del nuevo merendero eran una familia formal, con abuelo venerable y toda la pesca.

Imagino que hecha esta presentación familiar, podré volver a tomar el hilo de mi relato en el punto donde lo dejé cuando mi protector me interrumpió.

–Pues claro, chato: sigue tu relato –me autoriza don Gerardo, que de esto sabe un rato.

PEDAZO 5

En la «cota 7.508», llamada también «Casa Josefa» hasta que un morterazo destrozó el letrero que daba nombre al merendero, los «facciosos» o «nacionales» según se mire, se portaron con mucha corrección. Ni violaron a mi madre, ni le dieron por el culo a mi padre. Y eso que uno de los elementos de aquella tropa era un moro, que donde ven un agujero, dale que te pego.

El oficial que mandaba a los ocupantes, como era un militar de carrera, organizó la defensa del merendero lo mismo que un general habría organizado la defensa de una ciudad sitiada. Mi familia era para él «la población civil», y lo primero que hizo fue lo que hacen siempre los militares con los civiles en tiempos de guerra: decretar la movilización general.

–Usted perdone –le dijo mi padre al oficial cuando éste le comunicó el decreto–, pero no comprendo por qué los países se gastan una pasta en sostener un ejército. Si resulta que las guerras no pueden hacerlas los militares solos, y tienen que movilizar a los civiles para que les echen una mano...

El oficial, en lugar de pegarle a papá una patada en salvas sean las partes, le explicó muy correctamente que las guerras corrientes las hacen los militares, que para eso estudian y cobran durante toda su vida. Pero que aquélla no era una guerra corriente, sino una cruzada.

–Como las antiguas, ¿comprende? –explicaba el oficial–. Suponga usted que Franco es una especie de Ricardo Corazón de León, pero de caqui y sin barba. Y suponga usted también que nuestros enemigos son los infieles.

Y mientras mi padre trataba de hacerse estas suposiciones, el oficial continuó:

–Y las cruzadas, por no tener motivaciones materiales sino espirituales, tiene que hacerlas todo quisque sin cobrar.

Por fortuna en la movilización toda mi familia fue destinada a servicios auxiliares, pues unos miembros por demasiado viejos y otros por demasiado jóvenes, ninguno estaba comprendido en los límites de edad que se precisaban para tener que ir al frente.

Claro que bien mirado, dada nuestra posición en la cruzada, no había una gran diferencia entre estar en el frente o en la retaguardia. Como nuestra casa estaba en plena línea de fuego, los soldados de primera línea se diferenciaban de los servicios auxiliares en que aquéllos te-

174

nían fusiles para disparar por las ventanas, y nosotros no. Pero el riesgo de que nos cascaran era idéntico, ya que nosotros estábamos tan en vanguardia como ellos.

Gracias a Dios, que según los «nacionales» estaba de su parte, tuvimos la suerte de no cascar durante todo el invierno, mientras el frente permaneció congelado.

En aquellos meses de congelación y convivencia forzosa, mi familia conoció bien a la tropa libertadora. Se componía, como ya dije, del oficial y seis hombres. Y estos seis hombres se descomponían así:

Un falangista, un requeté, un legionario, un regular, un señorito de derechas, y un cura. Era, como puede verse, un muestrario bastante completo de las fuerzas «facciosas» o «nacionales», según se mire, que iniciaron aquel Movimiento tan movido.

El cura iba también de uniforme, porque era castrense, pero no llevaba fusil. Sí llevaba en cambio cartucheras, aunque en ellas no guardaba cartuchos de máuser sino un libro de misa, estampitas de santos, dos docenas de hostias y un frasco de agua bendita.

Sus compañeros le llamaban «páter»; y aunque le gastaban bromas a cuenta de los mandamientos quinto y sexto («no matar», «no fornicar»), en el fondo sentían por él un gran respeto. El único que no le respetaba era el regular, que por ser moro tenía otras creencias y el Dios de los católicos le daba risa.

–Mí no poderlo remediar: Dios con barba blanca, ija, ja, ja!

El moro hablaba poco, entre otras razones porque sólo conocía unas cuantas palabras de español, pero miraba de un modo que producía un cierto espanto. Tenía los ojos grandes y negros, con mucho blanco visible alrededor, y resaltaban en su piel morena como dos gotas de le-

175

che en una pastilla de chocolate. Se llamaba Mohamed, como casi todos los moros, y estaba un poco triste porque el oficial no le dejaba dedicarse al pillaje y a la violación, condiciones que según él figuraban en su contrato de alistamiento.

—Si moro no pillar ni violar —se lamentaba cuando bebía—, moro no guerrear.

—Pues ándate con ojo —le advertía el oficial—, porque si moro pilla y viola, el oficial le apiola. O sea que un servidor, para que lo entiendas mejor, te fusila.

Aunque el oficial hablaba en serio, mi madre por si las moscas no se acercaba al moro, ni dejaba tampoco que se acercase mi hermana Tuta. Porque Tuta tenía casi siete años, edad suficiente para despertar el apetito de un moro grande, y también de uno regular. (¡Pero qué chiste más graciosuelo, Jesús, María y José!)

Hacía bien mi madre en desconfiar de Mohamed, pues los moros no son melindrosos y se meten por cualquier agujero que se les ponga por delante. O por detrás, ya que a ellos la ubicación del agujero les importa un bledo.

Tampoco a mí me dejaba mi madre a solas con el regular, pero no por miedo a que me violase puesto que eso era imposible dada la pequeñez de mi culete, sino por temor a que me comiese. Siendo Josefa una mujer de origen ignorante, el hecho de que el moro fuese africano le bastaba a ella para suponerlo, no sólo cachondo y bestia, sino también caníbal.

Jamás entendió mi madre, ni la mayoría de las mujeres españolas, que para emprender una cruzada católica se echara mano de tropas infieles.

Porque no puede decirse tampoco que el legionario, otro de los hombres que formaban la fuerza «facciosa» o «nacional» según se mire, fuera muy fiel al catolicismo.

Aunque hablaba español por haber estado cobrando muchos años en pesetas de la Legión Española, era de origen austrohúngaro y todos le llamaban Juanoto. Y no porque fuera grandullón y por lo tanto todo lo contrario que un Juanito, sino porque ése era el resultado de la contracción de sus dos nombres: del Jan o Juan húngaro, y del Otto austriaco.

El pasado de Juanoto, enterrado desde el día en que se enroló en la Legión, fue más bien agitadillo. En su brazo derecho lucía un tatuaje muy expresivo, consistente en siete pequeños monigotes puestos en fila. Cada monigote, tatuado en tinta azul, tenía encima una cruz que tachaba el muñeco por completo. Esta cruz de la tachadura, estaba tatuada en tinta roja.

No hacía falta ser muy perspicaz para asociar estos tatuajes con los dibujos que los pilotos de caza suelen hacer en los fuselajes de sus aviones para llevar la cuenta de los aparatos enemigos que han derribado. Cabía sospechar, por lo tanto, que Juanoto llevaba en su brazo la cuenta de los hombres que derribó, y que esta elevada cifra de homicidios fue el motivo de que se alistara en la Legión.

Pero nadie, como es natural, se atrevía a confirmar esta sospecha interrogando al legionario, por temor a convertirse en otro monigote tachado añadido a los siete que exhibía en su brazo. Nadie se atrevía, repito, excepto mi hermana Tuta, que por ser una niña era bastante inconsciente. Y como a Juanoto le gustaba jugar con ella, pues era de carácter bonachón como todos los hombretones excesivamente grandullones, Tuta se lo preguntó un día en que él le había sentado en sus rodillas para contarle un cuento:

—¿Qué significan esos hombrecitos que tienes en el brazo?

Juanoto se puso pálido, e incluso pudo oírse el rechinar de sus dientes mientras levantaba un puño sobre la cabeza de la imprudente mozuela.

Pero el candor de Tuta, que en aquella época no había dejado aún de ser candorosa (o sea que todavía no se había metido a puta), deshizo la furia del legionario como el sol deshace una nube tormentosa. Y en vez de descargar un puñetazo capaz de cascar el cráneo de mi hermana como si fuera una nuez, abrió el puño crispado y acarició con suavidad sus cabellos mientras decía dulcemente:

—Estos hombrecitos que ves en mi brazo, son los siete enanitos que cuidaron a Blancanieves.

A partir de esta explicación, Tuta pedía a Juanoto que todos sus cuentos fuesen protagonizados por aquellos siete enanitos que ella veía en la piel del narrador, y a los que él imprimía graciosos movimientos contrayendo y relajando tanto el bíceps como todo el paquete muscular sobre el cual los monigotes estaban tatuados.

PEDAZO 6

Muchos años después, mi hermana me confesó que la excitación que sentía al sentarse en las rodillas del legionario obedecía, no a los cuentos de los siete enanitos que él contaba, sino a sus contactos en el asiento con un octavo enano que él tenía escondido entre las piernas.

Puedo decir por lo tanto que no fueron únicamente las circunstancias quienes cambiaron en el nombre de Tuta el prefijo Resti por el de Prosti, sino en buena medida una predisposición de la moza a la cachondería manifestada desde su más temprana niñez.

La Naturaleza es cachonda también y se divierte con

estas jugarretas genéticas: haciendo que de los genes de una pareja normal en apariencia, nazcan una niña con cierto furorcillo uterino y un niño con las hormonas del revés, predispuesto a convertirse en una loca de remate.

Nunca se sabrá si el gusto que a mi hermana le daba el legionario era también viceversa, porque ningún sexólogo que yo sepa se ha dedicado a estudiar a fondo las reacciones sexuales de los gigantes austrohúngaros. Y al propio interesado tampoco puedo preguntárselo, puesto que poco antes de que terminara la guerra tuvo un tropiezo con una bala de cañón. Por fortuna llevaba el casco puesto, gracias a lo cual se salvó el cráneo y casi toda la masa encefálica; pero todo lo demás quedó tan hecho papilla, que Juanoto no pudo salvarse.

Yo no entiendo mucho de cruzadas, porque son cosas de hombres y escapan a mi comprensión, pero parece lógico pensar que los defensores de una misma causa deben tener algo en común. Pues por lo visto, no: en aquella tropa «facciosa» o «nacional» según se mire, sus componentes sólo se parecían en que llevaban botas.

Ni siquiera sus uniformes eran iguales, como podía verse cuando se los lavaban una vez al mes y desaparecía la capa de mugre que los cubría: mientras uno llevaba la camisa azul, otro llevaba un gorrito caqui, o una boina que lo mismo podía ser negra que colorada. Y tan dispares eran sus vestimentas como sus ideologías.

El de la boina roja, por ejemplo, era requeté y se llevaba muy mal con el de la camisa azul, que era falangista. Mientras el requeté luchaba por Dios, por la Patria y el Rey, el falangista lo hacía por una España Una, Grande y Libre.

Por lo visto había que luchar por una trilogía de ideales, aunque la trilogía de cada cual fuera distinta. En fin: que a los hombres no hay quien los entienda.

El requeté era el más religioso de todos, cosa lógica puesto que él luchaba en primer lugar por Dios. Había nacido en uno de esos pueblecitos del Norte en los que la religiosidad se exacerba, debido sin duda a que en ellos siempre está lloviendo y el único local amplio en el que puede uno refugiarse contra la lluvia es la iglesia.

Tan religioso era el requeté, que siempre estaba pinchando al «páter» para que dijera misa.

—¡Jolín! —se defendía el cura, que por ser castrense no era nada beato ni meapilas, e incluso se permitía alguna palabrotilla de escaso voltaje—. Pero si ya dije una misa el domingo pasado.

—Teniendo en cuenta que estamos en guerra —insistía el requeté—, expuestos a morir en cuanto al enemigo se le hinchen las narices y nos suelte un bombazo, deberíamos oír una misa cada media hora. Porque cuantas más misas oigamos, más puros moriremos.

—No seas gafe, hombre —le reprochaban sus compañeros—. La muerte hay que aceptarla si llega, pero no hay que provocarla para que llegue.

Además de misas, el requeté le pedía constantemente al páter que le concediera indulgencias. Las indulgencias, como se sabe a poca educación religiosa que se tenga, son reducciones a las condenas al infierno que los curas pueden conceder a cambio de que se recen ciertas oraciones y jaculatorias. Por una oración de treinta palabras, la reducción puede ser de tres años, e incluso más. Hay oraciones más cortitas pero también más eficaces, por estar destinadas a santos especialmente milagrosos, con las que además de bonificaciones en las condenas puede participarse en el sorteo de una lavadora automática. O sea que sabiéndolas manejar, con las indulgencias se puede uno forrar.

Aparte de las indulgencias sencillas hay también las plenarias, que son más amplias y llegan a alcanzar en algunos casos la amplitud de una amnistía parcial.

El requeté iba apuntando en una libreta, parecida a las libretas de ahorros, todas las indulgencias que el páter le concedía. En total se había ahorrado ya cuatro siglos de infierno, pero aún le parecían pocos.

—¿Tan malo has sido —le tomaba el pelo el falangista— para suponer que te condenarán a permanecer más de cuatrocientos años en las calderas de Pedro Botero?

—Si perdiéramos esta guerra —sentenció el requeté—, todas las indulgencias serían pocas para librarnos del infierno.

—¿Por qué? —le preguntaron todos, preocupados.

—Porque la Historia premia a los cruzados victoriosos, pero condena a los derrotados facciosos.

Por eso, hasta saber el resultado final, por si las moscas y las derrotas, el requeté Ignacio Navarrete le sacaba al páter todas las indulgencias que podía para engordar su libreta.

Al falangista no le preocupaban estas condenas espirituales *postmortem*, porque él no mezclaba a Dios con sus objetivos de combatiente. Sus aspiraciones eran más materialistas y modestas, ya que él luchaba sencillamente para engrandecer España y convertirla en un Imperio. Poca cosa, como puede verse.

Menos ambicioso aún era el señorito de derechas, que se había metido en la guerra para que los «rojos» no le quitaran las fincas a su papá.

Ya dije, y lo vuelvo a repetir ahora, que no se comprendía muy bien cómo unos hombres tan distintos y distantes ideológicamente, podían haberse unido para combatir en el mismo bando. Claro que una guerra civil es siempre una monstruosidad demencial, y en ella caben las chaladuras más delirantes.

Delirante era para mí la alianza del moro, del legionario, del falangista, del requeté y del señorito, al mando de un militar y con la colaboración de un cura. Frente a ellos, como tuvimos ocasión de comprobar algunos meses después, combatían unidas fuerzas igualmente variadas y contradictorias.

Pero don Gerardo, que con tanta generosidad me protege y con tanta sabiduría me aconseja, me susurra al oído que no anticipe acontecimientos y que lleve el relato con cierto orden, ya que si no lo hago así va a resultar una mierda de relato.

–Porque siempre fuiste una desordenada –me increpa–, y tienes tendencia al desorden en todas tus cosas. Lo mismo en el apartamento que te puse, que era una monería y lo tienes ahora hecho un revoltijo, que cuanto te pones a contar unos pedazos de tu vida y los cuentas al buen tuntún, tontorrón.

Me gusta que me increpe, porque impide que me desmadre.

PEDAZO 7

El primer invierno de la cruzada o de la sublevación, según se mire, iba transcurriendo con tranquilidad en la llamada «cota 7.508» para los militares, y «Casa Josefa» para los civiles.

De tarde en tarde, el oficial ordenaba a sus hombres que disparasen algunos tiros por la ventana para que los «rojos» se percatasen de que los «nacionales» seguían ocupando aquella posición.

–Si no advertimos al enemigo que estamos aquí, cualquier día se presentan en el merendero unos cuantos milicianos con la pretensión de merendar.

El enemigo respondía a esas descargas esporádicas con unos disparos sueltos, que eran como un acuse de recibo y una advertencia al mismo tiempo de que estaba allí enfrente y no se chupaba el dedo.

Fuera de estas leves y breves acciones bélicas, el frente de Cagarruta se mantenía inmóvil y congelado.

–Para ser un Movimiento lo que están ustedes haciendo –opinó mi padre con una miaja de cachondeo–, se mueven ustedes bastante poco.

El oficial se puso rojo, en el sentido epidérmico se entiende, no en el político, y trató de justificarse exponiendo una confusa teoría militar sobre concentración de fuerzas en los meses invernales para poder desencadenar fulminantes ofensivas primaverales.

–Pues a los que no entendemos de estrategia –insistió Celedonio–, nos parece sencillamente que el enemigo les ha parado los pies.

Para que no siguiera avergonzándoles, el requeté inventó entonces una fórmula que después se empleó muchísimo para callar a los críticos cuando no se disponía de razones válidas para silenciar sus críticas. He aquí la fórmula inventada por el requeté:

–Celedonio, mucho ojo, que está hablando como un rojo.

Y mi padre se calló como un muerto. Como el muerto en el que habría podido convertirse si hubiera continuado hablando.

El que no se calló en cambio fue el requeté, que sumamente irritado por las burlas de papá al inmovilismo de los frentes del Movimiento, siguió acusándole veladamente de rojez.

–Porque nosotros –le tiró una indirecta– luchamos para que todos los hogares españoles sean cristianos. Y ustedes no asisten a las misas que celebra el páter.

–¿Cómo no vamos a asistir –se defendió mi padre–, si las celebra dentro de esta casa de la que no podemos salir?

–Asisten por obligación, pero sin ninguna devoción. Prueba de que carecen por completo de formación religiosa es que la niña de ustedes, cuando el páter en la misa levanta la hostia, alarga las manos hacia ella y grita: «¡Quiero esa galleta!»

–Tienen que disculparla –intervino mamá–: como la niña es pequeñita y la hostia es redondita...

–La niña será pequeñita –admitió el requeté–, pero sus familiares adultos han podido enseñarla a no tener apetitos sacrílegos. Porque querer comerse una hostia consagrada como si fuera una galleta... Tampoco al niño recién nacido le han enseñado a no berrear mientras se celebra la Santa Misa. Y a los niños de la España nueva por la que luchamos, hay que enseñarles a ser buenos católicos desde la cuna. O mucho me equivoco, o ni siquiera le habrán bautizado aún.

–Pues no –tuvo que confesar mi padre–; pero no por falta de ganas, sino por imposibilidad material: como nació el mismo día que empezó la sublevación...

–Querrá usted decir la cruzada.

–Eso, eso –se apresuró mi padre a aceptar la corrección–. Y como con tanto tiroteo no había forma de salir a buscar un cura...

–La verdad es que si hubiera salido, tampoco lo hubiese encontrado –dijo el falangista–. Porque lo primero que hicieron los rojos, fue cazar curas como si fueran conejos.

–Pero aquí tenemos al páter que puede subsanar este

184

lapsus —se puso contento el requeté—. Porque ustedes ya sabrán que no estando bautizado, el niño no irá al cielo si casca.

—¿Y por qué va a cascar? —protestó la madre que me parió.

—En la posición que ocupamos —opinó el oficial— puede decirse, señora, que todos vivimos al borde de la muerte.

—Y usted no querrá que, si morimos, el niño se quede eternamente revoloteando por el Limbo, sin poder entrar jamás en el reino de los cielos —dramatizó Ignacio Navarrete.

Más por evitar que el requeté les considerara rojos que por evitarme a mí aquel amenazador revoloteo eterno, mis padres accedieron a que se me bautizara inmediatamente.

El páter pidió que le trajeran una palangana llena de agua corriente, a la que echó unos cuantos latinajos para que en el acto se transformara en agua bendita; y mis padres me sacaron a mí del cajón-cuna para recibir aquel salvoconducto que me permitiría entrar en el cielo si cascaba prematuramente.

Menos el regular Mohamed, que por no ser católico se quedó apoyado en una ventana pegando algunos tiros al enemigo, todo el resto de la tropa «facciosa» o «nacional» según se mire asistió a mi bautizo.

—¿Qué nombre quieren ponerle al neófito? —preguntó el páter a mis papás.

—Al neófito, no sé —respondió la ignorancia de mamá—. Pero al niño queremos llamarle Celedonio.

—¡Por Dios, señora! —protestó el requeté—. Tenga en cuenta que tuvo la suerte inmensa de nacer en la fecha gloriosa del dieciocho de julio. Es por lo tanto un hijo del Movimiento.

–Desde luego –estuvo de acuerdo mamá–: hijo del movimiento de mi marido, que me lo engendró moviéndose encima de mí. Quiero por lo tanto que se llame como él.

–Pero habiendo nacido el dieciocho de julio –insistió Ignacio Navarrete–, tiene la oportunidad de llevar el nombre de alguno de sus héroes.

La idea fue aplaudida por la tropa con las únicas excepciones del legionario y del moro, que en realidad luchaban porque les pagaban y les tenía sin cuidado el nombre de sus caudillos. Pero todos los demás propusieron candidatos tan diversos como las ideologías que les llevaron a la lucha.

–Debería llamarse Carlos –propuso el requeté, que era carlista.

El falangista, por su parte, sugirió que se me pusieran los nombres de José Antonio. Al señorito de derechas, cuyas fincas les fueron regaladas a sus antepasados por los primeros borbones que reinaron en España, le pareció más adecuado el nombre de Alfonso.

–Pues teniendo en cuenta que esta cruzada es eminentemente católica –opinó el páter–, y que el Papa actual la ve con buenos ojos, yo propongo que al niño se le llame Pío.

–¡Carlos!

–¡José Antonio!

–¡Alfonso!

–¡Basta! –cortó el oficial, que hasta entonces no había intervenido en la discusión–. Los nombres que habéis citado son estimables, pero sólo representan fracciones de la gran alianza que se ha formado bajo nuestras banderas. Hay sin embargo un único jefe que aglutina y manda todas esas fracciones. ¿No es acaso su nombre el más glorioso de esta cruzada y el que debe llevar este niño nacido

186

en la fecha más importante de nuestra Historia contempo-
ránea? Si hay alguien que se atreva a discutirme esta opinión...

Nadie se atrevió. Por eso me llamo Paco.

PEDAZO 8

Mientras en la «cota 7.508» pasábamos bastante frío,
ya que algunas balas perdidas nos iban rompiendo los
cristales de las ventanas y no había forma de llamar a un
vidriero para que los repusiera, la guerra que ya es fea de
por sí se iba poniendo espantosa.

A medida que pasaban los meses, a los soldados de ambos bandos les iba creciendo la barba y estaban cada vez
más sucios.

Lo malo de las guerras, aunque sean civiles, no es sólo
la mortandad que causan sino la suciedad que van acumu-
lando en todas partes. En las calles, en los campos, en los
cuerpos y también en las almas, se amontonan poco a
poco las basuras hasta que todo el país se pone que da
asco verlo y vivirlo.

El oficial y su tropa, que al principio se lavaban y afeitaban a diario, fueron descuidando su aseo personal y no
tardaron en empezar a oler ligeramente mal. Todos, menos el páter que era barbilampiño, se dejaron crecer las
barbas y las melenas hasta parecer auténticos cruzados de
Ricardo Corazón de León. O sea, que estaban hechos unos
guarros.

Por el oficial, que se ponía de cuando en cuando los
auriculares de una radio de campaña para recibir órdenes
y noticias, sabíamos que la sublevación inicial se había
convertido en una guerra formal, con frentes definidos y
duración indefinida.

No por lo visto porque nada veíamos, pero sí por lo oído al oficial que nos contaba lo que le decían por radio, los países europeos se habían dividido también en dos bloques para ayudar a los dos bandos que se zurraban en España:

A los «facciosos» o «nacionales» según se mire, les ayudaban Italia, Alemania y Portugal. Y los «rojos» o «leales» según se mire también, recibían la ayuda de Francia, Gran Bretaña y la Unión Soviética. O sea que la que empezó siendo una guerrita civil local sin media torta, se había convertido en una guerra seria. Nada menos que en un anticipo de la futura guerraza que empezaría siendo europea, para transformarse después en mundial.

En realidad a estos bloques internacionales les importaban sendos bledos los motivos que impulsaban a los españoles a matarse. Allá ellos con sus rencillas y sus salvajadas. Pero España les brindaba un estupendo campo de maniobras para experimentar en vivo, con seres humanos auténticos y no con conejos de Indias, el poder mortífero de las armas que habían fabricado para la futura confrontación mundial.

—Las bombas de aviación que hemos probado en Guernica —se alegraban los alemanes—, destruyen divinamente.

—Estas ametralladoras —se quejaban los rusos después de probarlas en el frente de Madrid—, matan poquísimo. Aunque puede que la culpa no sea de las ametralladoras, que por estar fabricadas en la U.R.S.S. tienen que ser magníficas. Quizá la culpa sea de los españoles contra los cuales hemos disparado: como son tan bajitos, casi todas las balas les pasan por encima...

También los italianos mandaron para probar toda clase de material bélico: desde aviones pesados para bombardear, hasta botas ligeras para correr. Las botas venían

188

con los corredores ya puestos, y la prueba más sonada de este material se realizó en Guadalajara.

Puede decirse que gracias a España, que proporcionó campos de tiro al blanco con blancos de carne y hueso, los ejércitos europeos perfeccionaron sus arsenales y estuvieron en condiciones de matarse con mucha más eficacia cuando les llegó el momento.

¿Cómo no se tuvo en cuenta este servicio que prestamos a los pueblos de Europa cuando se planteó nuestro ingreso en el Mercado Común? Ingratas e injustas. Eso es lo que son las naciones europeas con España. Unas tías aprovechonas que usan y abusan de ella, y luego si te he visto no me acuerdo.

Los días y las noches de aquel primer invierno, a pesar de todo el trágico follón que sacudía el país, resultaban monótonos y hasta aburridos en la «cota» llamada «Josefa». Ni siquiera los intercambios periódicos de disparos con el enemigo, en los que perdíamos el cristal de alguna ventana y algún cacharro que se interponía en la trayectoria de las balas, aliviaban la monotonía y el tedio de aquel grupo heterogéneo formado por personal dispar obligado por la guerra a convivir entre aquellas cuatro paredes.

Al legionario Juanoto se le agotó la imaginación para contarle a mi hermana Tuta nuevos cuentos protagonizados por los siete enanitos que tenía tatuados en el brazo. Y para matar el aburrimiento de las interminables veladas invernales, todos decidieron de común acuerdo contar sus vidas a los demás.

–Yo era moro rico –contó Mohamed una noche en la cocina, donde se reunía la tropa después de cenar y antes de dormir–. Yo proceder de familia berebere, residente al borde del desierto en el sur de Marruecos. Yo heredar sesenta camellos al morir mi padre de un sifilazo. Yo entonces ser joven y cachondo. Yo quedar sólo en el desierto con los sesenta camellos, y aburrirme tanto como ahora nosotros aquí.

»Yo ganarme bien la vida haciendo transporte con camellos, alquilando camellos para que turistas hacer fotos sentados encima. Pero yo siempre solo y siempre cachondo, porque camellos no dar felicidad por ser bestias demasiado grandes para darlas por el culo.

»Yo decidir comprar una mujer para no estar solo ni cachondo, y encontrar una joven berebere por la que sus padres pedir diecisiete camellos. Yo clavar astutamente tachuela en un pie de la joven para que ella cojear, y así conseguir rebaja en el precio por mercancía defectuosa. Gracias a lo cual yo pagar solamente quince camellos por mujer sin defectos, pues dejó de cojear en cuanto le quité la tachuela.

»Yo feliz sin soledad y follando sin parar, hasta que ella quedar preñada y decir que no querer follar conmigo por darle náuseas propias del empreñamiento.

»Yo tener que comprar entonces otra mujer, por la que pagar sólo diez camellos por ser más vieja y usada que la primera. Pero ésta durarme poco por ser género de segunda mano y contagiarme purgaciones de garabatillo.

»Yo volver al mercado y adquirir pareja de vírgenes gemelas, Sharifa y Aixa, mercancía de calidad superior, precio veinte camellos por barbilla, garantizada su virginidad, meta el dedo para comprobarlo. Yo conseguir rebaja por pronto pago al contado, y abonar treinta y cinco camellos por llevarme lote completo.

»Yo vivir desde entonces con cuatro mujeres pero sin ningún camello. Yo tener que ganarme la vida trabajando como un camello, transportando pesadas cargas sobre mis hombros.

»Yo pretender alquilar mis mujeres para turistas para hacer fotos subidos encima, pero ellas decir que no ser camellos ni putas, y exigir que yo ganar dinero para alimentarlas y vestirlas.

»De jodedor pasé a jodido, y tuve que huir a enrolarme en las tropas de Franco para que mis mujeres no acabaran conmigo.

PEDAZO 9

Otra noche, fue Juanoto el legionario quien entretuvo a la concurrencia contando su vida.

—Soy un hijo de la gran *puszta* —comenzó.

—Es feo que comiences insultando a tu madre —le reconvino el páter.

—La *puszta* no era mi madre, gilicura —se cabreó el legionario—, sino la vasta llanura húngara donde nací.

—Perdona, hijo —se excusó el páter, y para compensarle le bendijo gratis.

—Desciendo de una familia campesina —prosiguió Juanoto—, que durante muchas generaciones trabajó por sueldos miserables la tierra de señores feudales más miserables aún.

»En aquel Imperio de opereta formado por las pequeñas Austria y Hungría, la injusticia social llegó a alcanzar los niveles más altos de Europa. Una nobleza egoísta y estúpida, que malgastaba su tiempo bailando el vals en palacios y castillos, era prácticamente la propietaria de todo el territorio imperial. De manera que el campesinado, o sea los campesinos, sólo tenían esta alternativa: o dejarse explotar trabajando las tierras de la nobleza, o morirse de hambre sin poder trabajar.

»Acababa yo de cumplir veinte años, cuando no tuve más remedio que cargarme a un explotador. Puede decirse que fue un ajuste de cuentas, ya que mi víctima fue un administrador del noble en cuyas tierras trabajábamos, que vino a casa para decirnos que sus cuentas no ajustaban con las nuestras. No podían ajustar porque las suyas eran arbitrarias, con totales abultados y siempre a su favor. No podían ajustar porque en sus sumas los ceros que le correspondían a él estaban siempre a la derecha, y a la izquierda los que nos correspondían a nosotros.

»Discutimos en el ajuste de cuentas. Y yo, que tenía un cuchillo en la mano, acabé la discusión cortando por lo sano. Lo sano de aquel administrador que me pilló más cerca fue el cuello, y no le separé la cabeza del cuerpo porque aquel sinvergüenza tenía la carótida muy dura.

»Tuve que huir del país escondido en un carro de paja, que es como se huye siempre en la *puszta* y en las zonas agrícolas en general.. Lo malo fue que el carro, entre cuya paja viajé sin ninguna visibilidad, me sacó del país por la frontera soviética. De manera que así pasé del campo húngaro a un campo ruso... de concentración.

»Poco amigo de las concentraciones, y menos aún si son forzosas, logré escapar seduciendo a un centinela que era maricón. Le prometí que sería suyo una noche en que él estuviera de guardia en una de las puertas del campo. Llegó esa noche, y antes de que él me metiera otra cosa le metí yo su propia bayoneta por la tripa.

»Logré llegar a Alemania sin matar a nadie más, y allí presumí de haber huido de la Unión Soviética por incompatibilidad política. Pero los nazis desconfiaban de todos los refugiados, y me dijeron que tendría que hacer méritos para poder quedarme en el país. Yo les contesté que no sólo quería quedarme, sino que deseaba de todo cora-

192

zón pertenecer al Partido. Para lo cual haría con mucho gusto todo lo que me mandaran.

»–Te mandaríamos de buena gana a cazar judíos, pero esa orden no podemos dártela oficialmente. Claro que si tú cazaras alguno por tu cuenta, sería una prueba irrefutable de que eres un nacional-socialista puro y digno de ingresar en nuestras filas.

»–Cazaré un par de ellos –prometí–, para demostrarles la pureza de mis ideales. Pero ¿qué entienden ustedes por cazar judíos?

»–¿Qué entiendes tú por cazar liebres o venados?

»Lo entendí, porque a buen entendedor con media burrada basta. Y como ya lo había prometido, no tuve más remedio que cumplir mi promesa.

»Lo bueno de no tener conciencia, como yo, es que hagas lo que hagas nunca te remuerde. La verdad es que tampoco me habría remordido mucho si la hubiera tenido, porque a los judíos que cacé ni siquiera les vi la cara.

»Los cacé al anochecer, en un parque céntrico de una gran ciudad alemana. No diré el nombre de la ciudad ni el de los judíos, por si algún día da la vuelta la tortilla hitleriana y los parientes de esos judíos deciden cazarme a mí.

»Como aún no se había implantado la ley que obligaba a los hebreos a lucir en la ropa una gran estrella amarilla para distinguirlos de los arios, ley que una vez implantada facilitó enormemente esta clase de cacerías, tuve que recurrir a una astuta triquiñuela de cazador para cobrar mis piezas. Observad mi astucia:

»De la rama de un árbol que bordeaba un sendero del parque, colgué una percha vestida con una chaqueta vieja y unos pantalones remendados. Luego me escondí detrás de otro árbol situado a varios metros de este reclamo, y esperé después de armar y cargar un pequeño rifle desmontable.

»Por el sendero pasaron algunos paseantes arios que, como es natural, no prestaron ni la menor atención a aquellas prendas usadas que colgaban de la percha. Pensaron sin duda que se trataba de un simple espantapájaros puesto allí para espantar a los gorriones. Únicamente los judíos, ropavejeros natos, sienten una atracción irresistible ante la ropa vieja. Atavismos de la raza.

»Sólo tuve que esperar a que un par de paseantes, al ver el presunto espantapájaros, reaccionara al revés que los pájaros: o sea que en lugar de espantarse, se acercara a las prendas para palparlas, examinarlas, y tratar de apoderarse de ellas.

»No tardaron mucho en presentarse las piezas, algo ancianas y encorvadas, pero con inconfundibles narices judaicas. Ambas, engolosinadas por el reclamo, se aproximaron a él. Un par de disparos me bastaron para concluir con éxito la cacería.

»Seguro de haberme ganado el ingreso en el Partido, acudí a la oficina correspondiente y expliqué los méritos que acababa de hacer.

»–He cazado dos judíos –dije con orgullo.

»Los funcionarios que me atendieron, menearon la cabeza en señal dubitativa antes de replicar:

»–Debiste cortar algún trofeo a las piezas que cobraste para demostrarnos la veracidad de tu afirmación. Del mismo modo que los toreros cortan una oreja al toro, o los indios el cuero cabelludo a los rostros pálidos, tú pudiste cortarles a tus víctimas sus narizotas judaicas. Son tantos los cadáveres de judíos que los servicios de limpieza recogen a diario en esta ciudad, que cualquiera puede presumir de haberse cargado a un par de ellos.

»Quise protestar pero me cortaron:

»—Si no presentas pruebas, no podemos saber que dices la verdad. ¿Quién puede asegurarnos que tú mismo no seas judío que finge haberse cargado a dos compatriotas para salvar el pellejo?

»—¿Judío yo? —me cabreé y procuré exagerar mi cabreo—. No hay más que verme para darse cuenta de que soy más ario que el propio Hitler.

»—Sin ofender, majete —se cabrearon ellos mucho más que yo.

»—Salta a la vista —razoné— que soy alto y rubio, mientras él es bajito y morenucho.

»Echando chispas por los ojos, aquellos fanáticos me dijeron:

»—¡Nuestro Führer es más alto que nadie, y más rubio también! Lárgate antes de que te hagamos un análisis de sangre y descubramos que tienes glóbulos hebreos.

»Con dos muertos más en el hueco donde otros tienen la conciencia, dos muertos además completamente inútiles puesto que no me sirvieron para nada, abandoné aquella Alemania dura y hosca en avanzado proceso de nazificación.

»Como todos los fugitivos de la justicia que pierden su patria por haber cometido en ella algún delito de sangre, pensé en marchar a cualquier país americano con las leyes de inmigración poco severas en el que rehacer mi vida. Con esta intención me dirigí a Marsella, que por ser uno de los puertos mayores del mundo más oportunidades puede ofrecer para el viaje transatlántico de un polizón.

»Pero en Marsella, donde por cierto conocí al tatuador que me hizo estos tatuajes que adornan mi brazo, encontré también una colocación que me permitió aplazar mi proyectado viaje a América. Me coloqué en una banda muy solvente y seria, con ramificaciones multinacionales en todos los mercados distribuidores de drogas. Me dieron una colocación como ajustador de cuentas.

»El empleo, aunque a primera oreja suene a puesto relacionado con la administración y la contabilidad, era realmente mucho más activo que administrativo. El ajustador de cuentas, como su nombre indica de un modo claro y directo, era el encargado de ajustarles las cuentas a los enemigos, chivatos y traidores, que se portaban mal con la banda. Como yo se las ajuté a aquel administrador que pretendió abusar de mi familia allá en la *puzsta*, ajuste que me lanzó a la vida nómada por distintos países europeos.

»En menos de tres meses y por orden de mis jefes, tuve que ajustarles las cuentas a dos peces gordos de una banda rival, cuyos cadáveres aparecieron flotando en las aguas del puerto marsellés. Fueron dos trabajos limpios, no sólo porque ambos acabaron en el agua, sino porque a ambos les hice la «liquidación» de sus cuentas pendientes mediante sendos balazos de una limpieza tan grande, que sus cadáveres no sufrieron ni el más mínimo deterioro.

»Mis jefes quedaron tan satisfechos de mis actuaciones, que me abrieron una cartilla de ahorros y me pagaron la entrada de un piso frente al mar.

»–Así –me dijeron– tendrás el futuro asegurado si encuentras una mujer formal y decides casarte como Dios manda.

»Los jefes de la banda mafiosa, como puede verse, eran para mí unos verdaderos padrinos.

»Pero el siguiente trabajito que me encargaron salió mal, y todos estos planes para mi futuro que me hacían tanta ilusión, se echaron a perder. Resultó que al ajustarle las cuentas a un jefe de la policía, que cobraba de la banda y la había traicionado, fallé los tiros que le dirigí para hacerle la «liquidación». Y el muy cerdo lanzó en mi persecución a toda la policía marsellesa.

»Por si esto fuera poco, mis jefes se cabrearon conmigo por haber marrado aquella pieza clave para su seguridad, y también me persiguieron. Perseguido al mismo tiempo por la policía y por la banda, no me quedaba más solución que escapar a África en un barco y enrolarme en la Legión.

»Y eso fue lo que hice, aunque para hacerlo tuve que redondear mi cifra de fiambres matando a un marinero, al que robé las ropas y la documentación para poder huir de Marsella.

»Antes de embarcar, mi amigo el tatuador me hizo estos tatuajes que representaban los siete hombres que me vi obligado a tachar de la lista de los vivos a lo largo de mi fatigosa carrera.

»Desde que ingresé en la Legión, y en especial desde que empezó esta guerra de España, he matado gente de sobra como para cubrir de tatuajes toda mi piel. Pero ya se sabe que en la historia de un hombre sólo pesan los congéneres que mata en su vida de civil vestido de paisano.

»La mortandad que se causa en tiempo de guerra y vistiendo un uniforme militar, no deja huellas de ninguna clase: ni de remordimientos en la conciencia, ni de tatuajes en la piel.

PEDAZO 10

—Corta, preciosidad —me aconseja mi protector después de leer las cuartillas precedentes—. A los lectores hay que darles un respiro, troceándoles los relatos a intervalos regulares. Y llevas ya demasiadas páginas sin cortar el rollo.

»Los capítulos se inventaron para que el lector pueda detener la lectura entre uno y otro, y aprovechar la pausa para echar alguna de estas cosas: un sueño, un polvo, o una meada. Por la misma razón que el novelista pone puntos y aparte con el fin de que los lectores respiren, tiene que dividir la novela en capítulos para que duerman, follen o meen.

He cortado por lo tanto donde don Gerardo me indicó, y vuelvo a reclamar la atención del lector después de haberle dado tiempo para dormir, joder o mear.

Y prosigo:

Otra noche, después de que el legionario contara su historia, contó la suya el señorito de derechas.

—Como apodo cariñoso –comenzó–, tomando las primeras sílabas de mi nombre y apellido, mis amigos me llaman Carca. Porque me llamo Carlos Carrasco.

»Soy hijo de Ildefonso Carrasco, propietario de extensas fincas en Guadalajara y Toledo, provincias poco rentables. Porque la mayoría de su superficie está repartida entre un puñado de terratenientes poderosos, que la emplean para cazar.

»Pensando en sus vastas posesiones campestres, mi padre me envió a Madrid para que estudiara la carrera de ingeniero agrónomo. Acepté con docilidad su orden de instalarme en la capital, aunque me pareció estúpido estudiar siendo hijo de un papá tan sumamente ricachón.

»Estúpida también me parecía esa carrera cuyo objetivo es estropear el campo para sacarle provecho, cuando lo bonito del campo es conservarlo en estado salvaje para que sus dueños puedan divertirse organizando en él estupendas cacerías.

»Pero para contentar a papá y justificar mi estancia en Madrid, me matriculé en algunas asignaturas de esa carre-

198

ra que jamás estudié. A la vista de los suspensos que cosechaba en todos mis exámenes, papá redujo sus ambiciones en lo tocante a mis estudios:

»–Si eres demasiado bruto para llegar a ser ingeniero agrónomo –se resignó–, trata de conseguir al menos el título de perito agrícola.

»Porque del mismo modo que los arquitectos fracasados se quedan en aparejadores, todo el mundo sabe que quienes fracasan como ingenieros se consuelan quedándose en peritos.

»Hice por lo tanto el paripé de matricularme en el árido peritaje agrícola, con resultados tan negativos como cuando me matriculaba en la ingeniería agronómica. Reconozco por lo tanto que hasta el dieciocho de julio fui un señorito rico y ocioso, pero con conocimiento de causa. Porque conociendo que a causa de la fortuna paterna podía permitirme el lujo de vivir sin trabajar, aproveché con inteligencia ese conocimiento para no dar golpe.

»El dieciocho de julio me sorprendió veraneando en nuestra finca «Los Cabritos», latifundio llamado así por el ganado caprino que en sus hectáreas se criaba, y no con ánimo de alusión peyorativa a sus propietarios masculinos.

»Tuvimos la suerte de que el Movimiento triunfara en aquellos términos municipales, por lo que la finca quedó dentro de la zona nacional.

»Lo primero que se hizo en la zona, como es lógico, fue poner en marcha los organismos encargados de la depuración política. Y en vista de que mi padre era sobradamente conocido como derechista de toda la vida, se le ordenó que él mismo se encargara de depurar al personal de su finca.

»Como buen patriota que es, don Ildefonso Carrasco acató la orden. Y en su forma de cumplirla todo el mundo pudo ver su caballerosidad de terrateniente, su señorío ejemplar, y su admirable espíritu deportivo.

»En «Los Cabritos» y al calor de las leyes republicanas que impidieron a mi padre expulsarles de la nómina, trabajaban dos rojazos y ocho rojillos. Uno de los rojazos era un mayoral comunista, y el otro un capataz socialista. Los rojillos eran cinco hombres y tres mujeres, que trabajaban en distintas dependencias de la finca como simples peones o braceros. Los diez fueron detenidos por el personal de derechas, mucho más numeroso gracias a Dios, y conducidos a presencia de mi padre para ser juzgados.

»El juicio, sumarísimo y salomónico, duró sólo un cuarto de hora y en él habló únicamente el juez.

»—Todos los acusados sois —les dijo mi padre con la objetividad y mesura que caracterizaban a los grandes señores— unos hijos de la gran puta. Merecéis que se os trate, no como a seres humanos, sino como a las alimañas más dañinas y despreciables. Dad gracias a ese Dios en el que no creéis de que yo sea profundamente religioso, pues de lo contrario yo mismo me daría el gustazo de acabar con vuestras despreciables vidas a puntapiés.

»Hizo una pausa en la que tuvieron que sujetarle para que no la emprendiera a patadas con los acusados, y continuó:

»—Pero la magnanimidad es una virtud de las almas creyentes, y yo voy a ser magnánimo con todos vosotros. Porque según la religión sois seres humanos, aunque en realidad seáis un hatajo de sabandijas.

»—Conocéis —concretó después— mi afición al noble deporte de la caza, que vengo practicando desde hace muchos años en esta finca. Pues bien: en lugar de exterminaros ahora mismo como merecéis, os aplicaré los beneficios de ese deporte nobilísimo y señorial.

200

»Y levantó la sesión.

»A la cacería organizada por mi padre, acudieron las mejores escopetas de la región. Fue una jornada cinegética inolvidable. A cada rojo se le puso en la espalda un cartel, de acuerdo con su categoría.

»Al rojazo comunista se le concedió el título de «Venado», y al rojazo socialista el rango de «Jabalí». A estas dos buenas piezas, por ser de caza mayor, sólo se las podía tirar con rifle.

»Con escopetas y cartuchos de perdigones gordos podía dispararse a los rojillos más modestos, que fueron considerados piececillas de caza menor: cada rojillo macho lucía un cartel que le calificaba de «conejo», y a cada rojilla hembra se la calificó muy justamente de «perdiz».

—¡Qué salvajada! —se atrevió a decir el páter, que precisamente por eso, por ser páter, era el único que podía atreverse a decir una cosa así.

—Salvajada habría sido cargarse a esa gentuza sin dejarla defenderse —refutó el señorito Carca—. Por el procedimiento de la cacería, a cada «pieza» le quedaba alguna posibilidad de escapar a la persecución de los cazadores. Si eso no es ser magnánimo y jugar limpio, que venga Dios y lo vea.

—Si viniera Dios y viese todas las bestialidades que se están cometiendo en esta guerra —suspiró el páter—, a lo mejor nos mandaba otro Diluvio Universal para dar unas cuantas ahogadillas a esta Humanidad.

—Pero antes de mandarlo —opinó el requeté—, le diría a Franco que construyera un arca para salvar en ella las esencias del Glorioso Alzamiento.

—Eso se sobreentiende —se apresuró a estar de acuerdo el páter por si las moscas, antes de añadir dirigiéndose al Carca—: Pensándolo bien, la idea de tu padre no estuvo mal dentro de su salvajismo. Es cierto que con el procedimiento de la cacería, les quedaba a esos condenados una puerta de salvación.

—¡Y tanto! —concluyó el señorito de derechas—. Como que se salvaron cuatro: dos «conejos», una «perdiz», y el «jabalí» socialista que escapó herido en una pata. Con hombres tan justos y generosos como mi padre, no hay peligro de que se cometan atropellos en la zona nacional. Yo me siento tan orgulloso de papá, que no vacilé en alistarme como voluntario para defender sus ideales que pueden resumirse en esta frase: «La tierra, para el que la caza.»

Aquellos meses de inactividad deprimían al oficial, que como buen militar profesional amaba la acción. Ese tipo de guerra congelada al que le obligaban las circunstancias no iba con su temperamento belicoso, educado para hacer la guerra y no para aguantarla pasivamente.

Ya se sabe que los militares sólo disfrutan dando órdenes y viendo cómo sus subordinados las cumplen. Para distraerle y sacarle de su depresión, todos los componentes de la tropa que mandaba le rogaron que contara su historia.

—Soy el último descendiente de una familia gloriosa —comenzó él sin ninguna modestia—, que ha dado a la patria grandes militares a lo largo de muchísimas generaciones. Puedo decir que, desde hace siglos, algún antepasado mío siempre tomó parte en las más importantes acciones bélicas de nuestra Historia.

»Puedo decir también, y lo digo con cierta amargura, que mis antepasados jamás tuvieron suerte, ya que todas esas acciones en las que intervinieron acabaron en dramáticas derrotas.

»Desde que el más remoto antepasado de mi árbol genealógico luchó en el año setecientos once para detener la invasión árabe, hasta mi abuelo y mi padre que lucharon respectivamente en Cuba y Marruecos poco antes de que ambos territorios se perdieran, nunca un militar de mi familia tuvo la fortuna de participar en una campaña victoriosa. No es que fueran gafes, sino que carecían del sentido de la oportunidad. Cuando un tatarabuelo pedía que le destinaran a combatir en Filipinas, la batalla en la que participaba era la última que se perdía antes de que el archipiélago consiguiera la independencia. Si a otro de mis antepasados le tocaba batallar en Flandes, era la víspera de la evacuación de aquellas tierras flamencas por parte de nuestros Tercios.

»Pensando en romper esta larga cadena de gloriosas derrotas que arrastraba la tradición familiar, algunos antepasados decidieron probar suerte en otras armas. Y puesto que a los Casco –éste es mi apellido– siempre los cascaron en batallas terrestres, se enrolaron en la armada para participar en acciones navales.

»Pero ni cambiando la tierra por el mar, cambió el destino familiar: un Casco se hundió gloriosamente con la Armada Invencible, y otro ganó honores pero perdió un ojo en la batalla de Trafalgar.

»El tercer Casco que probó fortuna en las fuerzas navales, lo hizo de capitán de navío a las órdenes del Almirante Méndez Núñez. ¿Recordáis que ese almirante dijo aquello de «Más vale tener honra sin barcos que barcos sin honra»? Pues en uno de los barcos que dejamos de tener para conservar la honra, estaba mi antepasado.

»Yo –concluyó el oficial con un suspiro– espero ser el primer militar de mi familia que rompa la tradición familiar.

–Y todos nosotros lo esperamos también –gruñó el falangista–. Porque si en ti continúa la racha de derrotas en la que habéis participado los Casco, cascaremos en la batalla en la que nos toque participar contigo. Y si los Casco sois tan cenizos como parece por lo que acabas de contar, no sólo perderemos una batalla, sino también toda la guerra.

–Tienes razón –estuvo de acuerdo el requeté–. Vista la gafancia que se desprende del relato del teniente Casco, el mejor servicio que puede prestar a la causa nacional es pasarse a los rojos.

–¿Crees que esa idea sólo se te ha ocurrido a ti? –suspiró el teniente–. También lo pensé yo al iniciarse el Movimiento. Y sigo pensándolo todavía. Es una idea que tengo en reserva y que no pienso desechar mientras dure la campaña.

–¿Qué quieres decir? –pidió una aclaración el falangista.

–Que si la guerra toma un rumbo desfavorable, si veo que las cosas se tuercen para los ejércitos de Franco, mi conciencia no podrá soportar la responsabilidad de ser yo el culpable del desastre. Y tomaré la decisión heroica de pasarme al enemigo, para echarle mal de ojo y conducirle a la derrota final.

Un silencio de respetuosa admiración acogió las palabras de aquel héroe en potencia. ¡Porque hay que tener cataplines para pronunciar unas palabras así, Jesús, María y José! Palabras que cumplió muchos meses después, con heroísmo digno de una Laureada que nunca recibió. He aquí lo que hizo ese jabato:

Iniciada la que sería famosa batalla del Ebro, y cuando su fase inicial era desfavorable a las tropas franquistas, el teniente Casco tomó la decisión de pasarse a las filas republicanas. La República sufrió entonces una derrota decisiva para el resultado final de la guerra civil.

Por suerte para la futura Historia Militar de España, el teniente no dejó ningún descendiente.

He pensado alguna vez que, de no haber existido esa familia de cenizos militares, todas las batallas en las que sus miembros participaron y que con su *jefatura* convirtieron en derrotas, serían ahora victorias históricas que nos llenarían de orgullo. Y conservaríamos intacto nuestro Imperio, que quizá fuimos perdiendo poquito a poquito por las nefastas y sucesivas intervenciones de la dinastía Casco.

PEDAZO 11

Pasada la impresión que produjo en la tropa el relato del oficial, el falangista decidió llenar el aburrimiento de otra velada contando su vida.

–Imagino que algunos de vosotros –empezó–, los más bestiales e insensibles, intentarán burlarse de mí cuando sepan que soy poeta.

Alguno empezó a esbozar una sonrisa burlona, que el falangista cortó de cuajo al añadir:

· –Pues les aconsejo que no lo intenten, porque tengo tantos cojones como el que más y soy capaz de partirles la cara a todos los burlones. De la poesía se tuvo hasta hace poco tiempo un concepto blandengue, cursilón y feminoide, porque los poetas fueron siempre seres débiles, decadentes, enfermizos, y con harta frecuencia bastante maricas.

»Yo mismo, cuando descubrí mi vena poética, la oculté durante mucho tiempo sin atreverme a exteriorizarla. Porque mi padre fue un famoso boxeador, que llegó a ser campeón de España de los pesos pesadísimos (categoría antigua superior a los pesos pesados), y tengo dos hermanos que fueron desde muy jóvenes grandes atletas.

»¿Cómo podía yo, miembro de una familia tan musculosa y viril, confesar mi blanda y afeminada vocación poética? Ni en un copón cabrían todas las hostias que me hubiesen dado mi padre y mis hermanos.

»Vi el cielo abierto cuando José Antonio Primo de Rivera se lanzó al ruedo de la política. No sólo sus discursos eran sumamente poéticos, sino que incorporaba la poesía a sus ideales como un importante ingrediente ideológico.

»—A los pueblos —llegó a decir— sólo los han movido los poetas. Y ¡ay del que no sepa levantar, frente a la poesía que destruye, la poesía que promete!

»Y al oír esto, el entusiasmo me hizo exclamar muy poco poéticamente:

»—¡Coño! He aquí al ideólogo que conviene a mi vocación. Por vez primera en la historia de la política, un líder no sólo no llama maricones a los poetas, sino que además los antepone a todos los estamentos de la sociedad como única fuerza capaz de mover y conmover los destinos del país. Apuntándome en Falange, además de poder ejercer de poeta sin avergonzarme, moveré al pueblo para que baile como una marioneta al compás que yo le marque.

»La realidad quedó bastante por debajo del pronóstico joseantoniano, pues una vez apuntado en la Falange comprobé que ni los poetas eran tan importantes dentro del partido, ni era cierto que sus versos fueran el único motor capaz de mover al país.

»Al país, que ya estaba entonces bastante movidito, lo movían unos escuadristas corpulentos y cejijuntos que no tenían nada de poetas, y que no iban armados de poemas precisamente para conseguir que la gente se moviese.

»Para justificar las acciones de estos escuadristas, José Antonio dijo también:

»—No hay más dialéctica admisible que la de los puños y las pistolas cuando se ofende a la Justicia y a la Patria.

»O sea que, como buen político, José Antonio usaba una de cal y una de arena, diciendo en todo momento lo que convenía decir. Y como aquel momento era más bien áspero y duro, le pareció oportuno aconsejar que mientras hubiera dureza y aspereza, se guardaran en el bolsillo los poemas y se sacaran en cambio los puños y las pistolas.

»Los poetas, aunque un poco postergados dadas las circunstancias, trabajábamos para darle al partido un cariz poético dentro de lo que cabe; dentro de lo que puede caber en un puñado de tíos echados «palante», dispuestos a salvar la Patria a toda costa de la desintegración.

—¡Ole! —se le escapó a uno de los que escuchaban al falangista.

—Fuimos creando —continuó él— una poesía recia y viril, con olor al cuero de nuestros correajes y a la pólvora de nuestras armas, con ritmo de formación militar y metáforas limpias de belleza clásica.

»Repudiábamos la poesía decadente y enfermiza de los poetas malditos, de los «baudelaires» y de los «apollinaires», y cultivábamos la construcción poética tradicional, la métrica y los temas tan sanos como constructivos.

»Yo luché, la verdad es que sin conseguirlo, por crearme un estilo personal. Pero al escribir un romance, que es la composición de métrica más facilona y al alcance por lo tanto de cualquier poetastro mediocre, se me veía la oreja lorquiana. O sea que no podía librarme de la nefasta influencia de Federico García Lorca, que a pesar de ser tan izquierdista como pederasta, era un poeta cojonudo.

»Sí, señores: cojonudísimo. El perfume de sus nardos

y la luz de su luna-lunera, fascinaba a la mayoría de los vates tan jóvenes como yo. Cegados por aquella luna-lunera, embriagados por la densa fragancia de aquellos nardos, no conseguíamos despegar nuestros estilos de aquel García absorbente. No lográbamos crear una poesía nacional-sindicalista verdaderamente original.

»Cuando yo mostraba mis romances imperiales a los jefes del partido, ellos me los devolvían arrugando la nariz y diciendo despectivamente:

»—Apestan a Lorca, majo.

»Por suerte para mí y para muchos como yo, Federico García Lorca fue asesinado al empezar el Movimiento. ¡Ya podemos por lo tanto apoderarnos de su estilo, sin temor a que él nos acuse de plagio! En vista de lo cual, estoy preparando un libro de romances épicos para enardecer a nuestros afiliados. Se llamará *Romancero castellano*, y sus metáforas son originalísimas: he sustituido el brillo de la luna-lunera por el resplandor de los luceros; y el aroma de los nardos, por el de las rosas prendidas en las flechas de mi haz.

Como el frío continuaba manteniendo el frente congelado, sobró tiempo para que el páter y el requeté contaran sus historias respectivas.

—En realidad —comenzó el páter cuando le pidieron que contara la suya—, a los curas nos ocurre lo mismo que a las mujeres decentes: no tenemos historia.

»Yo seguí la carrera eclesiástica por la misma razón que el teniente Casco siguió la militar: por tradición de mi familia.

—No irá usted a decir —se alarmó el requeté— que todos sus antepasados, incluidos su abuelo y su padre, fueron curas.

—No puedo decir esa barbaridad, porque el celibato es

condición indispensable para ingresar en el curato. Pero sí digo que desciendo de una familia religiosa, que dio al Señor numerosos frailes.

—¿A qué señor? —preguntó el regular.

—A Dios, coño —le aclaró el legionario—. Pareces tonto.

—Muchos frailes, como sabéis —continuó el páter— fueron en su juventud hombres mundanos que comprendieron con el paso de los años la futilidad de las pompas del mundo, y que en la madurez se retiraron a un convento abandonando los bienes terrenales.

»Mi padre fue uno de estos frailes tardíos. Y aunque él no se retiró a un convento para abandonar los bienes terrenales sino porque los bienes terrenales le habían abandonado a él (perdió toda su fortuna por su desmedida afición al juego y a la bebida), el resultado fue el mismo: se quedó sin dinero para educar a su único hijo, que era yo.

»Pero al haberme convertido por la conversión de mi padre en hijo de fraile, me admitieron sin dificultad en el seminario, donde me hice cura a falta de una carrera mejor. Confieso por lo tanto que no ingresé en el sacerdocio por vocación, sino por necesidad.

»Mi carrera fue rápida y brillante porque las circunstancias hicieron que, además de hijo de fraile, me convirtiera en hijo de mártir. Y así fue mi conversión:

»Cuando llegó la República y se produjo la quema de los conventos, el convento de mi padre fue quemado con él dentro. Fue el único fraile que pereció en el incendio. Y aunque murió en cumplimiento de su deber no es probable que su martirologio le permita subir a los altares. He aquí la razón:

»Como es frecuente y tradicional en bastantes órdenes religiosas, también la orden a la que pertenecía mi padre producía un licor dulzón y digestivo con el que obtenía beneficios pingües, o por lo menos de pingüez suficiente para cubrir los gastos y las necesidades de la comunidad. Siendo mi padre gran experto en bebidas alcohólicas, a las que tan aficionado fue en los años anteriores a su reclusión conventual, es lógico que fuera nombrado catador de la destilería.

»Cuentan no sólo las malas lenguas, sino las buenas también, que el día de la quema de los conventos el fraile catador había catado más de la cuenta, y dormía en su celda la «catadura». Tan profundo era su sueño y tan lleno de alcohol estaba, que no se percató del incendio. Y cuando el fuego llegó a su celda, ardió tan rápida y espectacularmente como un bonzo empapado en gasolina.

»Soy por lo tanto hijo de mártir inmolado por las hordas ateas, aunque su martirio no puede ser homologado por la I.C.A.R. Porque la I.C.A.R. no puede homologar oficialmente un martirio cuando hay pruebas de que el mártir lo sufrió dopado con drogas o alcohol. El *doping* descalifica a los deportistas, y también a los mártires.

»Aunque mi padre se dopó cumpliendo su deber de catador, yo comprendo que la I.C.A.R. lo descalificara. El santoral estaría plagado de mártires si estuviera permitido drogarse para resistir el dolor. Lo que tiene mérito es aguantar que le martiricen a uno como manda el reglamento de la I.C.A.R.: aguantando mecha y sin tomar ni una aspirina para aliviar los dolores.

—No sabía que existiera una Federación de Mártires —dijo el legionario al páter—. Porque me imagino que la I.C.A.R. que usted ha citado con tanta frecuencia, será un organismo regulador de esa Federación.

—No, hombre —aclaró el cura castrense—. Lo que pasa es que yo sigo la moda actual de las siglas, y llamo I.C.A.R. a la Iglesia Católica Apostólica y Romana.

PEDAZO 12

De nuevo se me fue la mano y estuve demasiado tiempo dale que te pego a la pluma, sin cortar el rollo para facilitar los desahogos del lector. Ni los míos propios, pues a mí estar sentado tanto rato con el culo pegado a un cojín calentito, me pone cachondo perdido. Y en ausencia de don Gerardo, que en casos de cachondez me consuela de maravilla, me he consolado con la *danish prick*.

Dicho en inglés resulta más fino, y sólo los lectores que por ser cultos y políglotas no se asustan de nada, sabrán que me refiero a la picha danesa.

Porque estos escandinavos, en materia de chismes eróticos, son la hostia. La picha danesa me la trajo de Copenhague un amigo maniquí que anuncia *slips* en la prensa del corazón y en la prensa de los cojones. (Este último nombre se lo doy yo a las revistas para hombres.)

La *danish prick* es una gozada. Parece mismamente el miembro de un tío empalmado, y en cuanto la enchufas se pone caliente y empieza a vibrar de un modo que ríete tú de don Gerardo. Porque siendo eléctrica, sólo se cansa y se afloja en caso de apagón. Y la tienes siempre a mano.

La de don Gerardo me falla con frecuencia, porque es un hombre ocupadísimo. Hoy por ejemplo ha tenido que acudir a una reunión de la J.O.D.E., sigla que le va muy bien a la Junta Ordenadora de Espectáculos, que es la encargada de censurar y joder todas las películas y funciones teatrales que se estrenan en el país.

La Junta está formada, teóricamente, por hombres rectos y de alta moralidad, padres de familia e hijos preclaros de la Patria. No se puede estrenar ninguna película ni función teatral sin que la J.O.D.E. la joda previamente.

Don Gerardo es miembro de la Junta porque la gente sólo conoce de él su cara respetable. Pero la Humanidad es como la Luna, que tiene una cara visible y un culo oculto en el que nadie sabe lo que pasa. Por el mío acaba de pasar el consuelo de esa maravilla de la industria danesa, dejándome relajado y en condiciones de continuar mi relato.

La historia del páter concluyó explicando a sus compañeros que siendo hijo de fraile inmolado en la quema de los conventos, no le quedaba más remedio que unirse a los «nacionales» o «facciosos» según se mire, defensores de la I.C.A.R. Levantada la veda de curas en el campo «leal» o «rojo» según se mire también, era una imprudencia suicida andar por ese campo con su coronilla tonsurada.

· —En la otra zona —dijo el páter para terminar—, las tonsuras son dianas que los milicianos utilizan para tirar al blanco.

Oídas las historias del teniente Casco, del moro Mohamed, del legionario Juanoto, del señorito Carca, del falangista poeta y del curita castrense, sólo faltaba por oír la del requeté Navarrete.

—Cuéntala pronto —le rogaron sus compañeros—, que la primavera se acerca y el frente no tardará en descongelarse. Entonces entraremos en acción y habrá que dejarse de historias.

—Si el páter es hijo de fraile —comenzó el requeté—, yo casi podría decir que soy hijo de monjas. Porque fueron las monjitas de la Inclusa las que me recogieron y criaron cuando fui abandonado en el torno de esa institución benéfica.

»Pocos hombres podrán decir que tuvieron catorce

madres, todas ellas buenas y cariñosas, que le prodigaron catorce veces más cuidados que a un niño corriente durante su crianza y crecimiento.

»Navarrete no es realmente mi apellido, puesto que fui obra de autor anónimo que no quiso firmarla, aunque sí dejó una nota en mis pañales explicando nadie sabe con qué objeto que yo había nacido en Pamplona. De allí me vino el «Navarrete» que mis padres me dieron como apodo, y que de mayor transformé en apellido quitándole las comillas y escribiéndolo con mayúsculas.

»De mis padres verdaderos nada se supo jamás, razón por la cual repartí mi amor filial a partes iguales entre mis catorce madres.

»Tantas madres para un solo cordero me crearon algunos problemas, pues todas ellas durante mi lactancia deseaban darme el biberón. Y no hay estómago de recién nacido capaz de digerir catorce biberones. De este celo nutricio maternal me quedó tal aversión a la leche, que vomito sólo con oír su nombre.

Y Navarrete, para demostrar que era cierto lo que decía, vomitó un poco antes de continuar:

–Otro problema fue el de los chalequitos que todas mis madres me tejían, y que todas se empeñaban en ponerme sin contar con los que ya llevaba puestos. Razón por la cual andaba yo siempre sudando y medio asfixiado, con más lana encima que una oveja sin esquilar.

»Inconveniente también de tener una cifra tan alta de mamás, era que por una sola travesura que yo cometía, recibía catorce regañinas. Claro que este inconveniente quedaba compensado por la viceversa, pues cada una de mis buenas acciones me proporcionaba catorce recompensas.

»Ahora se habrá explicado el páter por qué le exijo que

nos diga una misa cada dos por tres, y por qué le pido que me dé la Comunión todas las mañanas con un cacho de chusco a falta de hostia: por mi educación religiosa excepcional.

»En el caso de una familia corriente, compuesta por unos padres creyentes y un par de tías beatas, a un niño puede inculcársele la religiosidad por partida doble, e incluso cuádruple. Pero en mi caso especialísimo puede decirse que entre todas mis madres me la inculcaron por partida catórzuple. A nadie puede extrañarle por lo tanto que yo sea más católico que el páter, puesto que soy también más papista que el Papa.

»Fijaos si seré religioso, que no me hice cura por parecerme las reglas eclesiásticas demasiado blandas. A mí no me basta con pedirle al futuro sacerdote que haga voto de castidad. Yo creo que ni votos, ni pollas. O sea que en lugar de pedirle al futuro sacerdote que no la use, lo que se debe hacer es cortársela. Con blanduras previas, no se evitan endurecimientos posteriores que acaban en violaciones de la castidad.

»Tampoco me bastan esas penitencias ridículas que los confesores imponen en los confesonarios. ¿En qué cabeza cabe que un pecador pueda conseguir el indulto de sus pecados rezando un manojillo de oraciones? Yo opino que al que peca, el confesor debe condenarle a penas de reclusión de un año como mínimo si sus pecados son veniales, y de cadena perpetua como máximo si entre sus pecados hay alguno mortal.

»También me parecería una medida higiénica y saludable que tanto a las brujas como a las almas poseídas por el demonio, se las condenara a morir en la plaza pública. Como hombre progresista que soy, rechazo la hoguera inquisitorial como procedimiento para llevar a cabo estas ejecuciones. Una pira eléctrica, por ejemplo, sería un sistema limpio, rápido e indoloro, digno de una Iglesia moderna que no sólo no rechaza el progreso tecnológico, sino que lo emplea eficazmente para purificar a la Humanidad.

»Una iglesieja tan blandengue como la actual, que absuelve al mismísimo Demonio a cambio de siete «padrenuestros», sólo puede merecer el desprecio de un hombre con una fe tan recia como la mía. Ha sido esa blandura eclesiástica la culpable de que hayamos tenido que emprender esta Cruzada.

»Aprovechándose de que las penitencias eran tan blandas, los pecadores han pecado a caño libre hasta convertir España en una serie de núcleos urbanos comparables con Sodoma, e incluso con Gomorra.

»Si los confesores hubieran condenado al pecador de cualquier tipo a largas penas de cárcel, ni los delincuentes ni los rojos habrían andado sueltos por la calle forzando este Santo Movimiento Purificador. Yo y muchos como yo luchamos para limpiar el país de toda esa canalla, e implantar una Iglesia vigorosa que restablezca una Inquisición moderna, con medios punitivos científicos y sofisticados, de la que no escape ningún pecador.

»En ese nuevo Estado inquisitorial, la confesión no sólo será obligatoria, sino reforzada científicamente. O sea que las confesiones no serán espontáneas, puesto que así los pecadores nunca confiesan sus pecados más gordos, sino provocadas mediante inyecciones de un suero de la verdad que está a punto de inventarse. Con este suero, inyectado por practicantes junto a los confesonarios, las confesiones serán totales y nadie podrá reducir la penitencia que le corresponda mediante la ocultación de sus culpas.

–Todo eso está muy bien –admitió mi padre, que había asistido al relato de Navarrete–. Pero la aplicación de ese suero que obliga a decir la verdad, ¿no es un atentado contra la libertad del pensamiento?

–¿Y quién le ha dicho a usted que en la nueva España por la que yo lucho vaya a permitirse que el pensamiento sea libre? –preguntó a su vez el requeté–. Toda libertad no controlada por el Estado, degenera en libertinaje. El control permitirá a todos los ciudadanos pensar libremente, siempre que sus pensamientos sean decentes.

–Pues si quiere que le diga la verdad –empezó mi padre–, yo pienso...

–¡Vamos, continúe! –le apremió Navarrete al observar que se callaba–. ¡Diga lo que está pensando!

Pero mi padre no lo dijo. Y afortunadamente para él, el requeté aún no disponía de la droga de la verdad para acabar con los librepensadores incontrolados.

PEDAZO 13

En frentes más templados y no sujetos a la congelación, la guerra había proseguido con resultados favorables a los «nacionales» o «facciosos», según se mire.

En el Norte los requetés zurraban a los gudaris. Y en el Sur los milicianos retrocedían ante el empuje de tropas regulares, llamadas así no sé si porque pertenecían al ejército profesional, o porque contaban en sus cuadros con unidades de moros.

En el Centro, sin embargo, el frente continuaba congelado, y todos los combatientes permanecían inmóviles en sus posiciones al calor de sus estufas.

La vida en la «cota Josefa» transcurría con el aburrimiento propio de una gran familia recluida en una casa de campo, sin poder salir a divertirse y sin tener ya nada que decirse. También mis padres contaron su historia a la pequeña tropa para matar el tedio de la larga inactividad.

Hasta el anciano y lejano pariente al que llamábamos «abuelito» sin estar nada seguros de que lo fuera, contó anécdotas de su participación en una guerra colonial que quizá fuera la de Cuba, o quizá otra más antigua todavía. El nombre de la colonia a nadie le importaba, puesto que todas las guerras coloniales se desarrollan en escenarios muy parecidos y terminan de un modo idéntico: selvas cálidas, enemigos morenitos, y derrota final que para nosotros fue un Día de Luto, y para los vencedores la Fiesta de la Independencia.

Estos meses de calma permitieron a mi madre consolidar mi crianza, pues el ajetreo de una posición en primera línea no es el lugar más idóneo para sacar adelante a un recién nacido. Pero tiene en cambio la ventaja de que si el niño sobrevive, queda tan fogueado y adherido a la vida que aguanta todo lo que le echen y ya no se muere ni a tiros.

Esto me ocurrió a mí: que habiendo sido destetado a morterazos, he quedado inmunizado contra todas las formas violentas de cascar. Y peligros no me faltaron desde que nací entre el susto de las balas, hasta ahora que sigo viviendo entre el gusto de las nalgas.

Acabo de decir que me destetaron a morterazos y no exagero ni pizca. Porque al borde del destete estaba yo después de aquellos meses de tranquilidad, cuando vino la primavera y el frente se descongeló. La nieve, al fundirse, formaba riachuelos que descendían cantando por las laderas de la sierra. Los dedos, al deshelarse, recobraban la agilidad perdida y oprimían sin inhibiciones los gatillos de las armas automáticas.

Con la primavera, además de las plantas en los campos, florecieron las cruces en los cementerios de campaña. Porque al llegar el buen tiempo, se mataba más y mejor. Los caminos helados y solitarios se transformaron en barrizales intransitables, por los que trataban de transitar los abastecimientos de las fuerzas combatientes.

Ante la inminencia de vastas ofensivas primaverales, cada bando precalentaba a sus tropas mediante pequeñas acciones locales. Cuando los autores de estas acciones eran fascistas, que saludaban con la mano abierta, se llamaban «golpes de mano». Y cuando los autores eran comunistas, que cerraban la mano para saludar, estas acciones recibían el nombre de «golpes de puño».

El intercambio de «golpes» de esta clase se iba incrementando, a medida que la primavera avanzaba y el termómetro subía caldeando el ambiente y los ánimos.

Fue en uno de estos «golpes de puño» cuando la situación en la «cota 7.508», antes llamada «Casa Josefa», cambió radicalmente. La cosa ocurrió así:

Aunque era un martes vulgar y corriente, sin festividad de ninguna clase, el páter no había tenido más remedio que decir una misa para complacer al requeté. Navarrete estaba nerviosísimo desde que el frente había comenzado a descongelarse, y no cesaba de pedirle al cura indulgencias y misas para poder entrar en el Cielo si morían en alguno de los ataques primaverales que se fraguaban. También le pedía que le confesara porque según parece, a la hora de morir, es conveniente que Dios le coja a uno confesado. Y el páter le complacía, puesto que para eso estaba agregado a la tropa y no tenía otra cosa que hacer.

Y mira por dónde, gracias a aquella misa extraordinaria, salvaron todos el pellejo. Porque todos estaban terminando de oírla cuando los «leales» o «rojos», según se mire, iniciaron su «golpe de puño».

Como la sorpresa es un factor decisivo para que triunfen esta clase de «golpes», el ataque comenzó sin previo aviso.

De pronto, cuando el páter se volvía para echar la bendición final y decir «*ite misa est*», empezaron a entrar balas por todas las ventanas acompañadas del inevitable ruido que se hace al dispararlas.

Por fortuna, como toda la tropa estaba arrodillada oyendo la misa, estas balas pasaron por encima de todas las cabezas sin hacer ninguna mortandad. También a mi familia la pillaron de rodillas, porque dada la pequeñez del edificio la población civil no tenía más remedio que asistir a los actos religiosos de las fuerzas armadas. Razón por la cual, pese a la intensidad del tiroteo, todos mis familiares salvaron el pellejo.

El único pellejo que no se salvó fue el del páter, que por ser el único al que las andanadas sorprendieron de pie, recibió un impacto que le hizo llevarse las manos a la bragueta al tiempo que lanzaba unas palabrotas en latín. La verdad es que no hacía ninguna falta que se molestara en suavizar su desahogo verbal traduciéndolo a una lengua incomprensible para todos los demás, pues el ruido de los disparos era tan atronador que no había forma de oír ni una sola palabra.

El teniente Casco gritaba dando órdenes a sus hombres, pero éstos no le oían y se arrastraban por el suelo buscando sus armas para repeler el ataque.

La cosa se puso más fea aún cuando al estrépito de la fusilería se unieron los estampidos de algunos morterazos. Mis padres nos cogieron en brazos a Tuta y a mí, y se refugiaron en la cueva que estaba debajo de la cocina.

También acudió allí el pariente lejano, que contó lo que le había ocurrido al páter:

–Un balazo le ha rasgado el escroto, y por la abertura se le han salido los testículos.

Mi madre no entendió aquel léxico científico, y mi padre tuvo que explicárselo en lenguaje vulgar:

–Un tiro le ha roto la bolsa de la entrepierna, y por la rotura ha perdido los huevos.

–Ha sido un milagro –opinó Josefa–, en el que puede verse la mano de la Providencia.

–¿Cómo puedes ver tú la mano de la Providencia arrancándole los cataplines a un sacerdote? –se asombró mi padre.

–Pues la veo, sí. ¿No es acaso providencial que la bala haya privado de su virilidad al único hombre de la casa que no podía utilizarla? A veces la Providencia no puede evitar hacer un daño, pero elige entonces el mal menor. Fue su mano la que vació la bolsa del propietario menos interesado en conservar las riquezas que guardaba dentro de ella. Me imagino que eso mismo habrá opinado el páter.

–El páter no ha dicho todavía su opinión –explicó el anciano pariente–, porque andaba por la casa dando saltos y gritos de dolor.

–Es natural –comentó mi padre–. Por poco usados y atrofiados que estén unos órganos, siempre duele que se los quiten a uno. Porque uno siempre tiene cariño a sus cosas y siente que se las quiten a lo bestia.

Pensándolo bien, fue verdaderamente providencial que ese gran dolor lo sufriera el páter. Estando por su religión tan cerca del Cielo, le importaría menos que a cualquier otro ver las estrellas. (¡Pero qué chiste tan ingenioso, Jesús, María y José!)

Mamá pensó que a falta de médico y para reparar en lo posible el daño sufrido por el páter, ella podía hacerle un cosicajo en el desgarrón de la bolsa.

—Yo soy buena costurera —razonó—. Y tratándose de un cura, podría emplear en el cosido el punto de cruz.

Pero pese a sus buenas intenciones de ayudar al pobre sacerdote, que además de castrense sería desde entonces castrado, mamá no pudo salir de la cueva para hacer el cosicajo. El «golpe de puño» tenía como objetivo ocupar en aquel sector algunas cotas, entre las cuales estaba la nuestra, de manera que los atacantes seguían atacando cada vez con más intensidad para lograr su propósito.

Los morteros (nombre muy acertado el de estas armas, ya que en las guerras machacan las posiciones lo mismo que sus homónimos machacan en las cocinas las cosas de comer), seguían machacando la tierra a nuestro alrededor. Desde la cueva no podíamos seguir la marcha de la operación; pero por la intensidad del fuego que se hacía sobre nuestra casa, era fácil deducir que los «nacionales» o «facciosos» refugiados en ella llevaban la peor parte.

Desde la cueva nos llegaban amortiguados los estampidos de los disparos y los morterazos; como si la pequeña batalla que se libraba en el exterior fuera una batallita de juguete, librada entre soldaditos de juguete también, de plomo o plástico, manejados por niños que hacían con la boca «¡pun!» o «¡tacatá!» para imitar el ruido de los morterazos o el tableteo de las ametralladoras.

¿Hasta cuándo, por cierto, va a tolerarse que los niños jueguen a las guerras con soldaditos y material bélico de juguete? Permítaseme un inciso para pedir a los gobiernos que prohíban drásticamente esta clase de juguetería macabra, con la cual los hombres se entrenan a matarse de mentirijillas cuando son niños, para poder matarse de verdad cuando llegan a ser mayores.

Puede que este inciso resulte gilipollas, porque quizá sea una gilipollez pretender yugular un instinto que es parte importante de la personalidad del hombre: el instinto de librarse del prójimo que se interpone en su camino. (¡Pero qué filósofo soy, Jesús, María y José!) Porque el hombre nace sin armas incorporadas a su organismo –garras afiladas, pico mortífero, colmillos ponzoñosos–, y por eso tiene que fabricárselas y aprender a manejarlas desde que tiene uso de razón.

Retiro por lo tanto la gilipollez de que se prohíba la fabricación de soldaditos y material bélico de juguete, pues hay que admitir el carácter congénito de la bestialidad humana. Y admitir también que tanto la guerra como la violencia, vienen ya programadas en los genes de la Humanidad.

Pero el inciso sí me puede servir, por lo menos, para aconsejar que a los niños no se les presente la guerra como un bonito deporte que se juega limpiamente entre equipos uniformados. Vamos a presentársela tal y como es en realidad: un enfrentamiento sucio y feroz, en el que se cometen las más sangrientas y viles atrocidades.

Para lo cual hay que incorporar a los ejércitos de juguete todos los personajes y accesorios desagradables que los fabricantes eliminaron falazmente.

Hay que ofrecer en las cajas de cartón la guerra completa, para que el niño sepa lo que es este juego con todas sus consecuencias; con todos sus horrores.

Hay que añadir a las cajas de vistosos soldaditos unas cuantas tumbitas con crucecitas de madera, pues allí van a parar muchos de los soldaditos después de cada «juego» con el equipo contrario.

222

Hay que fabricar también, en cajitas complementarias, copias de los mismos soldaditos pero ya muertecitos, despatarraditos, con sus bellos uniformes manchados de sangrecita, con sus cabecitas destrozadas por la metralla en las que puedan verse las masitas encefálicas sanguinolentas, los ojitos colgando fuera de las órbitas...

Otros modelos de muertecitos que pueden fabricarse, muy frecuentes también en los campos de batalla, pueden tener grandes boquetes en el vientre por los que salgan al exterior intestinitos violáceos; o algún miembro amputado, pierna o brazo, del que sólo quede un muñoncito carmesí.

Aparte de los muertecitos, en cuya variedad de posturas y lesiones el fabricante puede lucir su imaginación, no hay que olvidar tampoco la fabricación de mutilados que nunca faltan después de cada batalla. Póngase, en cada caja de cien soldaditos, un par de docenas de mutiladitos. Unos cuantos pueden ser mancos, otros cojos, algunos ciegos... Unos pocos pueden ir sentados en sillitas de ruedas por haber recibido metrallazos en la columna vertebral, o porque la onda expansiva de una bomba les hizo añicos el sistema nervioso.

Fabríquense también muletitas de juguete; y miembros ortopédicos en miniatura; y carricoches para inválidos irrecuperables.... ¿Por qué no fabrican también un páter castrense y castrado aullando de dolor, sangrando por la entrepierna vaciada por un balazo?

Démosle al niño material para que juegue a la guerra, sí, pero sin ocultarle la parte fea del juego.

Y para que pueda jugar con realismo total, añádanse a las cajas de soldaditos tres frascos indispensables para dar ambiente al lugar donde mueva estos juguetes macabros: un frasco de sangre, otro de fango, y otro de mierda. Rociando el suelo donde juegue con estos ingredientes, tendrá una idea bastante aproximada de lo que es un campo de batalla en el que se matan los soldados de verdad.

PEDAZO 14

Durante varias horas mi familia estuvo oyendo el fragor de aquel «golpe de puño», que a la bodega llegaba amortiguado y convertido en una batallita de juguete. Luego se produjo un silencio punteado por unos tiros cada vez más lejanos y espaciados, silencio que yo interrumpí rompiendo a llorar estrepitosamente.

–¡Calla, puñetero! –se cabreó conmigo papá–. Si descubren que estamos en este refugio, a lo mejor nos obligan a desalojarlo.

Dejó de oírse mi rabieta, pero no porque yo hubiese entendido el razonamiento de mi padre, sino porque él me puso una mano en la boca que ahogaba mi llanto. El remedio sin embargo fue tardío, pues oímos pasos que bajaban por la escalera de la cueva. Vimos poco después que la puerta se abría cediendo a la presión simultánea de varios puntapiés y culatazos.

–¡Rendíos en nombre de la República! –gritó una voz mientras varios fusiles encañonaban a toda la familia.

Comprendimos entonces que el «golpe» había tenido éxito, y que nuestra casa había cambiado de ocupantes. Ya no estábamos en manos de los «fascistas», sino en puños de los «rojos». Presionado por el enemigo, el teniente Casco se vio obligado a evacuar aquella posición.

En su derrota, que los suyos llamarían «retirada estratégica», le acompañó toda su tropa compuesta por el requeté Navarrete, el falangista poeta, el señorito Carca, el

224

regular Mohamed, el legionario Juanoto, y el páter que en los últimos momentos había perdido los cataplines. (Suponemos que los encontraría antes de marcharse, pues cuando los nuevos ocupantes ordenaron a mi madre que limpiara la «cota», no aparecieron por ninguna parte.)

También siete hombres componían las nuevas fuerzas de ocupación que se instalaron en los restos de nuestra casa, que los morterazos del «golpe de puño» habían convertido en un auténtico colador.

Siete hombres es por lo visto el contingente que todos los ejércitos destinan a la defensa de una posición como aquélla, y a ese contingente se le llama –sin ánimo de ofender– «pelotón».

El «pelotón» «leal» o «rojo» según se mire, a pesar de su pequeñez, no estaba mandado por un solo hombre sino por dos. Militarmente lo mandaba un capitán, y políticamente un comisario político. Este mando conjunto creaba situaciones muy curiosas, como ya se verá, pero es una forma de mandar que se emplea en todos los llamados «ejércitos del pueblo». Y del pueblo era el ejército que la República tuvo que improvisar para hacer frente a los militares sublevados.

A las órdenes emanadas conjuntamente del capitán y el comisario, estaban cuatro milicianos que acataban estas órdenes, y uno que no. El que no era un anarquista agregado al pelotón a los efectos de comer y cobrar, pero que por ser anarquista no podía acatar órdenes de nadie y hacía la guerra por su cuenta. O sea que él guerreaba a su aire y el mando no podía darle ninguna orden, puesto que el ejército del pueblo luchaba por la libertad y los anarquistas eran libres de hacer lo que les diese la gana.

Los cuatro milicianos disciplinados que completaban el pelotón, procedían también de distintos campos ideoló-

225

gicos, agrupados en la tarea común de defender la República. Citados por orden alfabético de sus ideologías, ya que todos tenían la misma preponderancia en la alianza y no se podía anteponer una sin ofender a las otras, un miliciano era comunista, otro republicano, y otro socialista. El cuarto quedaba fuera de esta ordenación porque no tenía ideales políticos de ninguna clase: era un mercenario judío de origen polaco, que se había enrolado en las Brigadas Internacionales para escapar a la persecución de los nazis.

Ahora que el tiempo transcurrido me permite ver lo ocurrido entonces con suficiente perspectiva histórica, llego a la conclusión de que el cambio de tropas ocupantes no cambió en nada nuestra situación. Tan mal estuvimos mientras nuestra casa estuvo ocupada por los «nacionales» o «facciosos», como cuando nos ocuparon los «leales» o «rojos».

En cualquiera de los bandos participantes en una guerra, a la población civil no le queda más remedio que resignarse y joderse.

La misma perspectiva histórica me permite ver que apenas había diferencias entre los siete hombres que se fueron en la retirada estratégica, y los siete que vinieron en el avance victorioso. Ambos pelotones empataban a dos en apoyos internacionales: un moro y un legionario austrohúngaro en un bando, frente a un brigadista polaco y un comisario político que hablaba correctamente el español pero que había nacido en Leningrado.

El empate se repetía igualmente en el entusiasmo y la buena fe de los combatientes que integraban cada pelotón, pues todos se jugaban la vida convencidos de que sus ideologías respectivas, tan variadas y opuestas, eran las más idóneas para la salvación de la Patria.

226

Era lógico por lo tanto que con los «leales» o «rojos» según se mire, nos ocurrieran casi las mismas cosas que con los «nacionales» o «facciosos». También los nuevos ocupantes lo primero que hicieron fue someternos a una depuración, pues por lo visto la guerra se originó porque España estaba llena de impurezas y a esto se debía el afán de ambos bandos por depurarla.

–¿Qué sois vosotros? –preguntó el comisario político a mi padre.

–Nosotros –contesto él– somos españoles de toda la vida.

Esta respuesta dejó pegado al comisario, pues quizás se dio cuenta de que siendo ruso no tenía demasiado derecho a juzgar las conductas de los nativos. Pero para no quedar mal ante sus hombres que asistían al interrogatorio, dio un puñetazo en la mesa que tenía delante. Fingir un ataque de cólera permite ganar el tiempo suficiente para recobrar el dominio de la situación.

–Ser español no basta –dijo después–, porque Españas hay muchas.

–Para mí –le contradijo mi padre–, España es una.

–¿Una nada más? –quiso cazarle el comisario con astucia–. ¿No querrás añadir que para ti España es una, grande y libre?

Papá no cayó en la trampa y se fue por la tangente diciendo que en la bodega había escondido unas botellas, para cuando llegara el día de la liberación. Y que como ese día acababa de llegar, era el momento de bebérselas. Y como las tropas siempre tienen sed, sean del ejército que sean, se dio por terminada la depuración para proceder a la apertura de las botellas.

Antes hubo que pedirle permiso al mando conjunto, pues la guerra continuaba y seguíamos estando en primera línea aunque la posición hubiera cambiado de manos. Pero como el mando conjunto tampoco era abstemio, el permiso conjunto se obtuvo inmediatamente.

Unas horas después el enemigo perdió una ocasión estupenda de recobrar la cota perdida, pues ninguno de sus defensores estaba en condiciones de defenderla. También las borracheras de las fuerzas republicanas eran idénticas a las del ejército franquista, y tan fuerte cantaba el miliciano bebido como el soldado beodo.

También las canciones tenían la misma intención, bastante mala por cierto, y sólo se diferenciaban en que iban dirigidas a distintos destinatarios. El pueblo, que ya es ordinario de por sí, decuplica su ordinariez cuando pierde los estribos y se lanza a la revolución o a la guerra. Improvisa entonces canciones con estribillos brutales insultando al enemigo, pues el insulto es también un arma ofensiva que hace cierta pupa. Los protagonistas de las coplas «leales» eran Franco y sus generales, del mismo modo que las «nacionales» eran protagonizadas por Negrín, Indalecio Prieto y *La Pasionaria*.

Coplas guarras las de ambos bandos que merecen el olvido en aras de la reconciliación, y que por eso no transcribo. El novelista y el historiador tienen el deber de silenciar los pasajes de la Historia capaces de abrir viejas heridas que el tiempo sigue tratando de cicatrizar. Por eso yo silencio las canciones de los milicianos, pero también las disculpo. Dentro de la bestialidad de las armas que se emplean en la guerra, las canciones pueden ser hirientes pero nunca son mortales.

Borrachos estaban todos; aunque el mando conjunto con más moderación, cuando se produjo un incidente que yo protagonicé. En un traspiés que dio el comisario, que como buen ruso bebía como un cosaco, tropezó con el cajón que me servía de cuna. Y yo, como es lógico, rompí a llorar.

—¿Quién es este niño? —preguntó el comisario.

—Es un hijo de Josefa, la compañera del dueño de la casa.

—¿Cuándo nació? —siguió preguntando el comisario.

—El dieciocho de julio —explicaron mis padres, que habían acudido a protegerme de la soldadesca borracha.

Esta fecha de mi nacimiento, aciaga o gloriosa según se mire, despertó la suspicacia del mando político.

—¡Vaya diíta que eligió para nacer!

Mi padre intervino:

—Puede que en la Unión Soviética, que está tan adelantada, los niños elijan la fecha de su nacimiento. Pero en países tan retrógrados y supersticiosos como el nuestro, nacen cuando Dios quiere.

—Muy supersticioso y retrógrado hay que ser, en efecto, para creer en Dios —admitió el comisario—. Pero aún estáis a tiempo de probarme que no sois unos burgueses reaccionarios, poniéndole al niño un nombre progresista y revolucionario. Por ejemplo, Potemkin.

—¿Cómo vamos a ponerle a un niño el nombre de un acorazado? —protestó el capitán.

—No iréis a ponerle tampoco el nombre de un santurrón, ¿verdad?

—Tanto como el de un santo, no —concedió el capitán—. Pero por lo menos el de una persona. El nombre de Lenin, por ejemplo.

—Lenin no era una persona —intervino el anarquista—, sino una bestia.

—¡Oye, oye! —se enfadó el comunista—. Que no creas en nadie no es razón para que ofendas a todos.

—Yo le llamaría Komsomol —siguió proponiendo el comisario, que era el más inteligente y tenía por lo tanto más inventiva.

—¿Komsomol? —repitió el brigadista polaco arrugando la nariz—. Es nombre de medicamento contra la blenorragia.

—Pongámosle el nombre de un héroe de nuestra guerra —propuso el socialista.

—Lo malo es que nuestra guerra, por ser demasiado joven, aún no tiene héroes consagrados.

—Yo conocí a un cabo que se portó muy bien en Guadalajara —dijo el republicano—. No está aún consagrado como héroe, pero lo estará el día de mañana. Se llamaba Falete. Podríamos darle ese nombre al chaval.

—Lo siento, compañeros —intervino papá—, pero el niño ya tiene nombre. Es superfluo por lo tanto que os devanéis los sesos pensando en bautizarle.

—¿Y cómo se llama? —quisieron saber todos.

—Francisco —declaró papá.

Al comisario se le disipó la borrachera en un periquete y dijo en tono amenazador:

—¿De manera que se llama Francisco y nació el dieciocho de julio? ¡No necesito saber más!

—Sí, señor —dijo mi padre con aplomo—: necesita saber el motivo de que, habiendo nacido el dieciocho de julio, le llamáramos Francisco.

—El motivo está muy claro —dijo el comisario, en tono más amenazador todavía.

—Está clarísimo, en efecto —sonrió mi padre—. Elegimos el nombre de la figura máxima que se opuso a la sublevación: Francisco Largo Caballero.

Gracias a la habilidad paternal, podía conservar el nombre de Paco ganara quien ganase.

Los militares se diferencian de los milicianos en que aquéllos miden el terreno en «cotas», mientras que éstos lo miden en «cachos».

Es lógico que los militares sean más expertos en las triquiñuelas bélicas; pero es lógico también que los milicianos, por ser igualmente españoles, sean tan jabatos como los militares. Y la jabatería, al fin y al cabo, es lo único que cuenta a la hora de guerrear.

Puede que una tropa organizada sea más vistosa en un desfile, y algo más eficaz en una batalla. Pero si frente a la organización se alza el valor suicida, las fuerzas se equilibran y la victoria se hace difícil de predecir.

A Franco le costó casi tres años ganar España entera cota a cota, cacho a cacho, porque no era tanta la diferencia de calidad entre la soldadesca y la milicianada.

Yo no entiendo mucho de batallas porque soy un civil, y a mucha honra, pero no creo que nuestra guerra haya sido un prodigio de talento militar y de derroche estratégico, que pueda servir de ejemplo a las academias militares del mundo entero.

La nuestra fue una guerrita pequeña y enconada, confusa y alborotada, en la que había que luchar palmo a palmo, sin brillantes movimientos envolventes ni espectaculares rupturas de frentes. Una guerrita cruel y anticuada, sin genialidad en los altos mandos, con derroches de heroísmo individual. Guerrita de pelotones, de patrullas, de guerrillas, de golpes de mano y golpes de puño, de estrategia modestísima basada en el coraje de los más jabatos.

Guerrita sangrienta y sin demasiados medios técnicos,

sin grandes despliegues de unidades acorazadas porque cuestan una pasta, sin más baterías antitanques que unas cuantas botellas de gasolina con una mecha en el gollete. Guerrita en la que aún se usaban las bayonetas cuando se acababa la munición.

Guerrita desgarradora con plato de aluminio colgado del correaje y cuchara enmohecida por toda cubertería.

Se guerreaba sin saber muy bien por dónde se andaba, por intuición y por cojones, tú tira «palante» que las batallas se ganan avanzando.

Los alemanes, y los rusos, y los italianos, y las brigadas internacionales, se preguntaban con la misma perplejidad:

—¿Pero qué coño de guerra es ésta, que pueden atacarte por la espalda con un cuchillo de cocina o una navaja de Albacete?

—¡Cuidado, tú, que esos de las barbas sin afeitar no son enemigos, sino amiguetes que han venido a echar un trago!

—Permítanme una pregunta: ¿son ustedes enemigos que vienen avanzando, o amigos que van retrocediendo?

La guerra se hacía a veces de oído porque sonaba mucho, o al buen tuntún. O al buen pumpum. No sé si me habré explicado bien pero lo que quiero decir es esto: que los huevos tenían prioridad sobre la estrategia.

Al capitán que mandaba el pelotón le brillaban demasiado las estrellas que lucía en el «mono», porque hacía muy poco tiempo que se las habían cosido sobre el distintivo de su grado anterior. Saltaba a la vista la chapuza, pues tres estrellas sueltas de capitán no pueden cubrir el ancho espacio que ocupa un galón dorado de sargento.

Pero el novísimo capitán tenía innegables dotes de mando, y daba las órdenes con voz tan campanuda que imponía respeto a sus subordinados. A veces las órdenes eran unas chorradas increíbles, como pasa con frecuencia en el ejército; pero lo que importa en quien manda es que tenga autoridad para mandar, aunque sea un chorra.

Largo fue el brinco que pegó el tío para ascender de sargento a capitán, pero téngase en cuenta que la República no andaba sobrada de mandos militares, razón por la cual hubo que cubrir los vacíos echando mano del poquísimo material disponible. Ni siquiera podían justificarse los ascensos diciendo que eran por méritos de guerra, porque hacía tan poco tiempo que había empezado la guerra, que nadie había tenido ocasiones de participar en acciones merecedoras de ser premiadas con ascensos a grados superiores. De manera que el hecho de ser un simple sargento, bastaba para ser ascendido a capitán de emergencia.

En el caso del sargento-capitán Perales, puede decirse que la República acertó al ascenderle. Perales tenía vocación militar; y si tuvo que conformarse con ingresar en la escuela de suboficiales, fue porque la posición económica de su familia no alcanzó para presentarle en la academia de oficiales. Pero Perales era un militar nato que llevaba estrellas desde la cuna. Detestaba la indisciplina que reinaba en las filas republicanas. Detestaba también tener que compartir el mando con el comisario político, pues opinaba con razón que se perdía un tiempo precioso discutiendo cada decisión.

—Pues yo creo que esta orden me corresponde darla a mí, porque es estrictamente militar.

—Hasta cierto punto, capitán. Porque no se puede negar que tiene ciertas implicaciones políticas, que entran de lleno en la jurisdicción del comisario...

¿Es ésta la forma de conducir a un ejército a la victoria? En teoría Perales podía decidir en materias pura-

233

mente bélicas, pero en la práctica era difícil delimitar las jurisdicciones de ambos mandos.

Es muy posible que en el fondo de su alma el capitán habría preferido que el Movimiento le pillara en la zona franquista, donde la milicia se tomaba más en serio y con menos cachondeo. A todos los militares, pensándolo bien, les va mejor la dictadura que la democracia. Vamos, eso creo yo. Porque a Perales, en cuanto se descuidaba, le asomaba un pelín de espíritu dictatorial. No podía disimular, por ejemplo, el cabreo que sentía cuando sus soldados le tuteaban, ya que en el ejército del pueblo se había optado por el «tuteo», desterrándose completamente el «usteo». El relajamiento de la disciplina alcanzaba igualmente al saludo al superior, pues el inferior no sólo no le saludaba, sino que incluso se pitorreaba de él. Y esto a Perales le sacaba de quicio.

—Oye, guripa —le decía el capitán al comunista, que al pasar al lado de su superior lo más que le soltaba era un desabrido «hola, tú»—. ¿Es ésa una forma correcta de saludar?

—Te he dicho «hola, tú» —le replicaba el subalterno, poniéndose en jarras—. ¿Qué más quieres, majete?

—¡Quiero que te lleves la mano derecha al gorro, que te cuadres juntando los talones, y que te pongas a mis órdenes!

—Pues ya puesto a querer —se cachondeaba el comunista—, querrás también que te haga una paja, ¿no te fastidia?

—¡Como sigas insolentándote —bramaba el capitán—, te voy a meter un paquete!

—Métemelo por el culo.

Y el caso es que todos los soldados que mandaba el capitán, a la hora de batirse, demostraban tener unas pelotas descomunales. Pero para estos tiquismiquis de la disci-

234

plina, no había forma de hacer carrera de ellos. Esto ya lo sabía Perales, pues cuando le ascendieron tan vertiginosamente lo primero que se le ocurrió fue tener un asistente. Formó a sus hombres para comunicarles esta pretensión, y la carcajada que soltaron se oyó en la retaguardia enemiga.

—No sé de qué se ríen ustedes —se cabreó él muy correctamente, pues entonces todavía llamaba a los soldados de usted—. En todos los ejércitos del mundo, los oficiales tienen asistentes que les limpian las botas.

—En los ejércitos fascistas, desde luego. Pero en los ejércitos del pueblo, hasta los generales tienen que cepillarse las guerreras y lustrarse el calzado.

Allí intervino el comisario político, que se enfadó mucho con Perales al que llamó «señoritingo» por su pretensión de tener un criado. Y allí nació la rivalidad de los dos mandamases, que ya duraría toda la guerra.

Al capitán le fastidiaba horrores tener que someter todas sus iniciativas a la supervisión del comisario, por si tenían alguna ramificación política. Aumentaba el cabreo de Perales el hecho de que el comisario fuera extranjero y no entendiera ni pizca la idiosincrasia española. Pero había que chincharse, porque la Unión Soviética decía que si no se aceptaban sus controladores políticos, no seguiría enviando armas. Y ya se sabe que para hacer una guerra, las armas son bastante indispensables. Por muy jabato que sea un ejército, y el republicano lo era de verdad, poco puede hacer si no dispone de fusiles, cañones y aviones.

Al comisario político le llamaban Pericovich porque su verdadero nombre era Petrovich, y ya se sabe que en España todos lo Pedros se transforman en Pericos. Físicamente no valía gran cosa, pues era más bien menudito y escuchimizadete como un español cualquiera. Pero ideológicamente valía un cojón, y eso era lo que necesitaba el bando republicano: ideología estructurada y razonada en oposición al fascismo.

La verdad es que los métodos de ambos contendientes eran también bastante semejantes: si durante la dominación «facciosa» teníamos que asistir a las misas del páter, durante la dominación «roja» asistíamos por obligación a los mítines del «comi». Y si aburridos nos resultaban los latinajos del sacerdote, igualmente soporíferas nos parecían las citas en ruso del comisario.

También en esta etapa de ocupación por el bando contrario, las veladas resultaban larguísimas y los hombres las llenaban contando sus vidas. O sea que, uno a uno como en el grupo anterior, fueron soltando sus rollos.

PEDAZO 16

El primero en contar su vida fue el brigadista internacional, que era polaco y dicharachero. Siempre estaba de buen humor, tocando una armónica a la que arrancaba un sonido muy bonito y parecido, salvando las distancias, al órgano de una catedral.

—Como nací en Polonia, pero al borde de la frontera con Alemania, mis padres decidieron trasladarse a este último país porque en el nuestro no había forma de encontrar trabajo. Ya entonces formábamos una familia judía, pero como aún no lo sabíamos éramos completamente felices.

»Mi padre encontró trabajo como zapatero, que en un pueblo como el alemán donde abundan las botas, el gremio de la zapatería nunca está ocioso. Y menos aún en la

236

Alemania que empezaba a ser nacional-socialista, pues los nazis gastaban también botas altísimas. Lo cual favorecía al trabajo de mi padre. Lo que no le favorecía en absoluto era cierta manía de los nacional-socialistas al pueblo judío, manía que se tradujo en algunas pedradas que empezaron a tirarnos al escaparate de la zapatería. Pedradas a las que al principio no dábamos importancia, pero que a medida que aumentaban de tamaño llegaron a preocuparnos. Hasta a mi padre, que era optimista por naturaleza, empezamos a no creerle cuando intentaba justificar estas pedradas achacándolas a mera casualidad. Mi madre, más desconfiada, le decía meneando la cabeza:

»–Desengáñate, Markos: una pedrada suelta se le puede escapar a cualquiera. Pero ya es mucha casualidad que a una misma mano se le escapen catorce pedradas seguidas, y que todas ellas vayan a estrellarse precisamente en el escaparate de tu zapatería.

»Mi padre, aunque sin dar su brazo a torcer pues mi madre era muy capaz de torcérselo e incluso de partírselo, tuvo que admitir que eran muchas casualidades. Y empezó a rascarse la cabeza lleno de dudas.

»Pero sus dudas se disiparon poco después, al producirse un acontecimiento que le llenó de alegría.

»–Figuraos –nos contó un día muy contento– que hoy vinieron a visitarme varios agentes nacional-socialistas. Les recibí con cierto recelo, pues todos habéis llegado a preocuparme con la insinuación de que los nazis detestan a los judíos. Pero me tranquilicé al comprobar cuán equivocados estáis. No sólo no nos detestan, sino que por el contrario nos admiran una barbaridad.

»–Vamos, Markos –gruñó mi madre–. Está visto que cuando te quedas solo en casa, vas a la cocina y te bebes toda la botella del aguardiente de ciruela.

»–Podéis creerme –juró mi padre por la gloria de mi abuela–. Esos agentes vinieron para entregarme una condecoración.

»–¿Qué clase de condecoración? –preguntamos todos con los ojos abiertos como platos.

»–Una estrella amarillla, que debo ponerme en el pecho siempre que salga a la calle. ¿Verdad que resulta muy distinguida? –añadió mi padre, mostrándonos la «condecoración» que los nazis le habían concedido.

»No hubo forma de convencerle de que con aquella estrella los nazis no trataban de condecorarnos a los judíos, sino de humillarnos.

»–Lo que os pasa a vosotros es que sois todos unos malpensados –se defendía papá–, y que los dedos se os antojan huéspedes. Para mí es un honor que me conceden permitiéndome lucir esta estrella en el pecho, y no lograréis convencerme de lo contrario.

»Yo creo que fue el único judío que dio esa interpretación a la estrella infamante, y el único también que por esa misma razón fue feliz hasta el final de su vida. Final que por cierto no tardó en llegar, y que fue recibido por él con su acostumbrado optimismo.

»Una tarde, al regresar mamá a casa, encontró a Markos muy alegre llenando de ropa una maleta.

»–¿Pero qué haces? –le preguntó.

»–Figúrate que esos agentes nazis tan simpáticos han estado aquí para comunicarme que haga el equipaje, porque van a llevarme a un campo de concentración.

»–¡Pero insensato! –se desesperó mi madre–. ¿Te das cuenta de lo que eso significa?

»–Pues claro, mujer –replicó papá sin perder la alegría–. Su mismo nombre indica que un campo de concentración es un campo donde van a concentrarse todos los miembros de nuestra raza. Una especie de monumental jira campestre, ¿comprendes? Merendaremos todos juntos al aire libre, charlaremos, y hasta puede que improvisemos coros para cantar canciones típicas de nuestra tierra. Será muy agradable, ya verás. Este tipo de concentraciones son muy sanas y deberían repetirse todos los fines de semana.

»Mi pobre padre salió tan ilusionado hacia aquel campo, que hasta se puso un pantaloncito corto y un viejo sombrero que había guardado en naftalina desde sus tiempos de *boy-scout.*

»La concentración en el campo fue mucho más larga de lo que él suponía, pues no ha vuelto todavía. Tampoco sabemos nada de él, aunque mi madre dice para consolarme que en esas concentraciones lo pasan bomba y nadie se acuerda de escribir a la familia. A mí me han dicho que la mayoría de los concentrados encuentran trabajo muy bien remunerado en fábricas de jabón. Lo que nadie me dijo nunca y acabo de saber ahora, es que en la mayoría de los casos, el trabajo que se consigue, es el de ingrediente para hacer el jabón.

»Al cabo de los años nos cansamos de esperar el regreso de papá, que a lo mejor estaba ya troceado en unas cuantas jaboneras. Y como la vida tiene que continuar, a mamá le ofrecieron un buen puesto en un prostíbulo. Ella aceptó encantada porque, mientras trabajaba, no tenía que llevar la estrella de judía. En realidad no tenía que llevar nada encima, pues ya se sabe que el trabajo en los prostíbulos es más bien ligerito de ropa.

»La verdad es que los nazis no se portaron del todo mal con nosotros, ya que en aquellos años había poco trabajo incluso para los arios, que con tal de trabajar eran capaces de dejarse dar por el mismísimo.

»Gracias a los ingresos de mamá en el burdel, terminé mi educación en una escuela para judíos en la que se nos enseñaba que pertenecíamos a una raza inferior, y en cuyas aulas aprendíamos a sufrir toda clase de improperios y vejaciones. Entre las lecciones que nos daban figuraba la de resistir fuertes azotainas, latigazos de distintas intensidades, capones y golpes propinados con objetos más o menos contundentes.

»Terminada mi educación en el colegio para niños judíos, lo primero que hice fue reponerme de las palizas recibidas. Después mi madre se encargó de buscarme trabajo a través de sus múltiples y variadas amistades hechas en su lugar de actividad profesional. (También llamado «putódromo», si ustedes lo prefieren.)

»Al fin mamá me encontró una colocación gracias a un diplomático africano y negrísimo, que frecuentaba el burdel pues era el único sitio en el que un negro podía permitirse el lujo de acostarse con una blanca. Que la blanca fuese judía era un leve matiz que al negro le importaba un carajo.

»Aquel diplomático, del mismo modo que los ricos blancos se pirran por tener un chófer negro, se pirraba por tener un chófer blanco. Mi madre le habló de mí, y así fue como pasé a ser el chófer del embajador Luluba.

»Aprendí a conducir el coche del embajador, que era un Cadillac plateado de ocho metros de largo, y en él le llevaba al prostíbulo a que se acostara con mamá. Luluba era tan cariñoso que también quería acostarse conmigo. Y yo se lo permitía, porque al fin y al cabo él era mi jefe, y no estaban las cosas como para perder una colocación por oponerse a los caprichos de un superior. Además en la escuela me habían enseñado a aguantar mecha, aunque la mecha fuera tan negra y tan larga como la del embajador. De manera que aguanté mecha hasta que Luluba cumplió sus cuatro años como embajador en Alemania. Tuvo entonces que volver a su país, y me ofreció llevarme con él en mi doble condición de chófer y amante.

»Como la persecución contra los judíos se iba intensificando y se me brindaba una oportunidad de escapar al extranjero, acepté salir del infierno nazi con el embajador negro y su Cadillac plateado.

»Llegamos al país en mala época, aunque me imagino que ninguna época es buena para llegar a un país que no pertenece al tercer mundo, sino al quinto o sexto. Había empezado la estación de las lluvias, eufemismo que se emplea para designar un auténtico diluvio anual, en el que todo el tráfico rodado queda interrumpido. Para colmo había estallado una revolución con la correspondiente matanza, en la que mi jefe Luluba perdió, no sólo el Cadillac, sino también casi toda la cabeza. Con el trocito que le quedó no era posible vivir, de manera que se murió dejándome en la calle.

»Como en un país prácticamente sin automóviles es casi imposible encontrar colocación como chófer, decidí enrolarme como mercenario. En todos los países africanos hay banderines de enganche en los que el mercenario es siempre bien recibido y nunca le falta trabajo: cuando no se trata de destronar a un reyezuelo, se pretende imponer a un dictador.

»Rodé algunos años por el continente negro, en el que a duras penas se sostenían los blancos. Los movimientos independentistas eran cada vez más intensos. Y el que siempre había sido un continente de desahogo, en el que los países europeos tenían unos puñados de colonias para sacarles el jugo, se convertía en un conglomerado de nuevas naciones con nuevos nombres y nuevas capitales, para complicarles la asignatura a los chavales que estudiaban geografía.

»Colaboré en la formación de siete nuevos estados, siendo unas veces miembro del ejército invasor y otras defensor del país invadido. Fui agujereado por algunas heridas y condecorado con algunas medallas. Hasta que se convocaron la Brigadas Internacionales. Pagaban bien y el clima de España es parecido al de África. De manera que aquí me vine, más contento aún al saber que entre los enemigos hay algunos nazis a los que podré cargarme.

Otra noche le correspondió al anarquista llenar la velada con el relato de su vida. La verdad es que contó lo que quiso y cuando le dio la gana, pues él hacía la guerra por su cuenta y no obedecía a nadie. Bastaba que el capitán ordenara al pelotón que se pusiera en posición de firmes, para que el anarquista decidiera ponerse en su lugar descanso.

—Y si no os conviene, os chincháis —decía el anarquista encongiéndose de hombros—. Bastante hago con hacer la guerra, sin tener ninguna obligación.

—Más que hacerla —gruñía el comisario—, la deshaces.

Cuando al anarquista le dio la gana de contar su vida, empezó así:

—No sé si soy limpiabotas como todos los anarquistas, o si soy anarquista como todos los limpiabotas. Para el caso es igual. La profesión en todo caso nos viene como anillo al dedo, pues es más bien anárquica y no está sujeta a un horario fijo. Coges el cajetín con los chismes de limpieza, y sales a la calle en plan paseo. ¿Que te apetece limpiar un rato? Pues te detienes en un esquina y limpias unos pares que te molen cantidad. Porque puedes seleccionar la clientela:

»—A éste le limpio porque me cae simpático, y a este

242

otro que le limpie su padre. A esta chavala se los limpio gratis, y a este panoli le cargo el doble.

»Ya digo que esa profesión nos va porque uno se siente libre como los gorriones, que se posan donde quieren y se cagan donde se les antoja. Además, en la calle se entera uno de todo lo importante que ocurre en la ciudad y en el país.

»Aquí donde me veis, yo fui el primero en saber que los militares preparaban un golpe. Gracias a mí, el Alzamiento pudo cortarse de raíz.

—¡Vamos, tío, déjate de faroles!

—Es la pura verdad. ¿Y sabéis cómo me enteré? Pues limpiándoles las botas a los militares. Como las botas son tan altas y tardan tanto en limpiarse, tiene uno tiempo de oír todo lo que dicen los jefazos que las calzan. Y como los militares son tan altivos, no se dignan tomar en consideración las orejas del paria que arrodillado a sus pies les limpia las botas. Y así me enteré de todos los planes de la sublevación.

»Al enterarme, como es natural, corrí al Ministerio de la Guerra a dar el chivatazo. ¡Y qué chivatazo, madre mía! ¡Un chivatazo que pudo permitir a la República parar el golpe sin derramar ni una gota de sangre! ¡Un chivatazo que pudo servir para detener a todos los implicados en el golpe! ¡Un chivatazo que pudo ahorrarnos esta guerra brutal e incivil!

»Pero por desgracia, en el Ministerio de la Guerra no me hicieron ni puñetero caso. El centinela que estaba en la puerta, metidito en su garita, ni siquiera me dejó entrar. Y no pude hacer llegar mi valiosa información a las altas esferas, únicas que podían movilizar las fuerzas necesarias para detener el golpe. Y al no detenerlo, se desencadenó la matanza que yo pude evitar.

El anarquista, después de suspirar, se encogió de hombros mientras decía:

–Ésa es la razón de que en mi partido no obedezcamos a nadie: la gilipollez del mundo en que vivimos. Tuve en mis manos la posibilidad de evitar esta guerra estúpida entre hermanos, y no me hicieron caso. Que se jodan ahora, y que se aguanten si me niego a obedecer sus órdenes cretinas.

Y eso fue todo lo que pudo sacarse del anarquista, que a continuación se asomó a una ventana y se puso a pegar unos cuantos tiros. Para desahogar su cabreo.

PEDAZO 17

El comunista era de los buenos, o sea de los que son al mismo tiempo marxistas, leninistas, e incluso maoístas. Y no como los comunistas de ahora, que son europeístas y para de contar.

El comunista se llamaba Flor, cosa que a él le daba muchísima rabia y procuraba ocultarlo, pero no podía evitar que este nombre ridículo saliera a relucir todos los días al pasar lista.

–¡Flor López!

–¡Presente, y al que se ría le rompo los morros!

Y el capitán toleraba la coletilla, porque más de un compañero se había ganado un puñetazo por echarse a reír al escuchar el nombre del comunista.

La verdad es que Flor se llamaba así porque al nacer tenía la pilila tan insignificante, que sus padres le tomaron por niña. Y cuando con el crecimiento la pilila creció también hasta adquirir un tamaño normal, el daño ya estaba hecho y la cosa no tenía remedio. El percance no les pareció tan grave a los padres de la criatura, ya que Flor al fin y al cabo suena a neutro y no resulta tan escandaloso como llevar el nombre de una flor concreta, como por ejemplo Rosa, o Violeta, o Margarita.

El camarada Flor, precisamente para que nadie se lo tomara a cachondeo ni dudara de su virilidad, era hosco, bronco, y tenía el puñetazo facilón. También era buen tirador, porque desde chico había sido aficionado a la caza. Tan aficionado, que al iniciarse el Alzamiento él pudo seguir cazando por haber inventado una nueva modalidad de cacería.

–El dieciocho de julio –explicó a sus compañeros– yo seguí practicando mi deporte favorito, porque tuve la habilidad de introducir en él algunas modificaciones para mantener su vigencia. O sea que dejé de practicar la caza del conejo con perro, pero en cambio practiqué la caza del cura con monaguillo.

»El procedimiento era muy semejante y sus resultados igualmente positivos. Muy de mañana, al filo del amanecer, salía al campo armado, no de una escopeta, sino de un mosquetón. Tampoco llevaba un perro con collar y amarrado a una correa, sino a un monaguillo muy dócil que había trabajado con todos los curas de la comarca y que por lo tanto los conocía bien.

»Yo soltaba al monaguillo y le dejaba que corretease delante de mí, mientras le seguía a distancia prudencial con el mosquetón a punto. Los curas fugitivos se confían a esas horas del amanecer, cuando el tráfico de personal es menos intenso, y salen de sus escondrijos en busca de alimentos. Lo cual proporciona al cazador ocasión de capturarles con cierta facilidad. Lo difícil es reconocerles, ya que los muy ladinos suelen disfrazarse con gran habilidad. Pero para eso se lleva al monaguillo-sabueso.

»Con frecuencia hay que caminar durante varias horas entre gentes de distinta catadura, sin que el monaguillo experimente ninguna reacción. A veces se pasa junto a personas que uno juraría que son curas porque tienen una cara de beatos que tira para atrás, pero el monaguillo cruza junto a ellos con indiferencia, lo cual significa que uno se equivocó.

»Pero de pronto el monaguillo-sabueso estira las orejas, olfatea el aire, y clava sus ojos en un rostro que ha reconocido. Se detiene entonces con todos sus músculos en tensión, temblorosos y abultados debajo de la piel. Si tuviera cola –y en realidad sí la tiene pero escondida en la bragueta del pantalón–, empezaría a moverla lleno de alegría por haber reconocido a una pieza. Yo capto su emoción y me echo el arma a la cara con rapidez.

»Me doy cuenta de que la pieza no está lejos, aunque de momento es difícil precisar en quién se ha fijado el monaguillo. La gente a su alrededor sigue moviéndose y dirigiéndose a sus quehaceres, sin que pueda precisarse en quién se ha posado la mirada del astuto chaval.

»Poco después, cuando tengo el mosquetón dispuesto y el dedo crispado sobre el gatillo, el monaguillo se pone en movimiento y avanza en línea recta hacia su objetivo.

»Llega al fin junto a un hombre, disfrazado unas veces de miliciano, otras de viejecito, y algunas también de mujer. Y le da unos suaves toquecitos en un hombro mientras le saluda con voz angelical:

»–Buenos días nos dé Dios, don Benito.

»El saludado se detiene perplejo mientras el desconcierto asoma a su rostro. Palidece intensamente. Mira a su alrededor temeroso de que esta escena haya podido ser observada por algún transeúnte, y balbucea después:

»–Pe... pero... ¿qué dices, mocoso?

»–Digo, don Benito, que buenos días nos dé Dios.

»–¿Cómo?... ¿De qué Dios hablas?... ¿A qué don Benito te diriges?

»–A usted, naturalmente –confirma el chaval mientras yo afino la puntería–. Porque usted es don Benito, el ex párroco de Villarejo de la Ensenada, al que he reconocido a pesar de la peluca y del disfraz. ¿Me permite que le bese la mano?

»–¡No, por favor! –rechaza la pieza intentando escapar–. Te aseguro que estás equivocado, mozalbete. No me llamo don Benito, y además me cago en Dios.

»Intenta echar a correr, pero el monaguillo salta a su cuello y lc trinca bien trincado. Yo entonces apunto a placer, y aprieto el gatillo. Con un poco de suerte, caen un par de piezas en cada jornada.

»El sistema, además de eficaz, es francamente deportivo. Tiene la emoción de las cacerías con perro, siempre más emocionantes que las de pucstos inmóviles con ojeadores. Lo difícil es encontrar monaguillos con olfato.

Flor calló mientras recordaba con delectación y nostalgia sus jornadas cinegéticas. Aparte de su afición a la caza en sus diversas modalidades, era un hombre bondadoso e incapaz de matar una mosca. Pero tenía la deformación profesional de todos los cazadores, que también son incapaces de matar una mosca, pero matan en cambio piezas mucho más gordas sin darle ninguna importancia.

–Pues a mí –intervino el republicano sin poder contenerse–, todo eso me parece una barbaridad. Por muy cura que sea uno, no hay motivo para asesinarle.

–Oye, oye –se ofendió Flor–: que yo no he asesinado a nadie. Yo he cazado, que no es igual. Porque todos sabemos que la cacería es un deporte lleno de nobleza, en el que a la pieza siempre le queda la posibilidad de huir del cazador. Si muchas veces huye un conejo, que es bastante cretino, con más facilidad podrá huir un cura, que es bastante más inteligente.

—Eso sí —tuvo que admitir el republicano—. A ti se te puede disculpar porque matas deportivamente, dando oportunidades a las posibles víctimas. Los que no tienen disculpa son los que matan por fastidiar, y que ni siquiera se divierten matando.

»Y ya que he empezado a hablar, dejadme proseguir para deciros que pertenezco al R.I.P., que no es un partido tan agresivo como sus siglas sugieren, porque cualquiera diría que su objetivo es matar a todo quisque. En realidad R.I.P. son las iniciales del partido «Republicano Independiente Popular», que es el más moderado de todos los grupos que forman el espectro político del país.

»Tan moderados somos, que el catorce de abril nos opusimos a dos cambios que han puesto en grave peligro la continuidad republicana: el primero fue el cambio de la bandera, y el segundo la sustitución de la *Marcha Real* por el *Himno de Riego*. Siempre hemos creído los del R.I.P. que fue un error poner a la enseña nacional el pegote de una franja morada. Parecía el hematoma resultante después de haber sido golpeada por unos bárbaros.

»El segundo error fue sustituir el puñadito de acordes que a fuerza de repetirlos forman la *Marcha Real*, por esa charanga bulliciosa y sin empaque, barriobajera y vulgar, a la que se puso el nombre de *Himno de Riego*. El pueblo, que como buen desconocedor de la Historia patria nunca supo a ciencia cierta quién fue Riego, supuso que sería un himnillo callejero y populachero, para bailarlo saltando alrededor de los que regaban las calles. Una especie de «La manga riega, aquí no llega», con más adorno musical y mayor número de estrofas, pero con la misma intención de jolgorio y gamberrada populares.

»Hubo un tercer error de menos bulto, pero que también tuvo cierta influencia en que la República tuviera desde el primer momento cierto aire de provisionalidad, de ligereza, de institución superficial que no iba a durar mucho tiempo. Ese tercer error fue nombrar un Presidente que tenía nombre de compañía ferroviaria: «Alcalá-Zamora». Por asociación de ideas se pensaba inmediatamente después en «Madrid-Zaragoza-Alicante», y en «Madrid-Zamora-Orense-Vigo».

»¿Qué respeto puede inspirar una República presidida por una línea de ferrocarrriles, que ni siquiera era de los grandes expresos europeos, sino más bien trenecitos de vía estrecha?

»¡Lástima que don Niceto no se apellidara Bonaparte, o Garibaldi, o Carlomagno, o cualquier otro apellido que infundiera respeto! ¡Lástima que no se apellidara Bailén, o Navas de Tolosa, o Lepanto, o cualquier otro nombre de batalla gloriosa!

»Pero si encima de llamarse Niceto, que no es precisamente un nombre impresionante, lleva uno un apellido compuesto por dos modestias geográficas, no puede aspirarse a escalar una brillantísima posición histórica ni política.

»Ya dije que el error presidencial era menos grave que los errores irreparables del hematoma añadido a la bandera, y de la sustitución del himno nacional por una musiquilla retrechera. A un pueblo eminentemente conservador, hasta el punto de que sin ser monárquico fue capaz de conservar la monarquía durante muchos siglos, hay que colarle la república casi de matute, sin que apenas se dé cuenta. A un pueblo eminentemente sentimental, que emigra porque en su tierra le niegan el trabajo y llora luego en la emigración recordando con nostalgia su terruño, se le puede cambïar de régimen pero sin tocarle los símbolos fundamentales de la patria: el himno y la bandera.

—Vamos, no digas chorradas —le interrumpió Flor—. ¿Crees que al pueblo le importan esas majaderías?

—Al nuestro, sí —insistió el militante del R.I.P.—. No olvides que somos el toro ibérico.

—Eso lo serás tú, majo.

—Y tú también. Y todos. Y el toro acude dócilmente al engaño de un trapo rojo, o de una bandera roja y gualda. Yo mismo, que no soy dudoso políticamente, no puedo evitar un nudo de emoción en la garganta cuando veo que ondea esa bandera en una posición facciosa, o cuando oigo que tocan la vieja *Marcha Real* en una radio enemiga. Te parecerán chorradas, pero la pérdida de esos símbolos puede hacernos perder esta guerra.

—Como sigas así de derrotista —le advirtió el capitán— tendré que formarte consejo de guerra para fusilarte.

—No es que yo sea derrotista, sino que hay que ser realista.

—Lo estás arreglando, guapo. ¿Cuándo se ha visto que un republicano sea realista?

—Realista, capitán, no viene sólo de rey sino de realidad.

Esta forma de pensar, como puede suponerse, hacía que todos los compañeros del republicano desconfiaran de él. Algunos incluso pensaban que no era republicano, sino un fascista de tomo y lomo. Pero a él no le importaba lo que pensasen, pues era sincero cuando exponía sus ideas y auguraba a la guerra un final desastroso para el bando de la República.

—La banderà y el himno son supersticiones —admitió el

miembro del R.I.P.–, pero no conviene olvidar que hay supersticiones por las que los pueblos son capaces de morir. También la religión católica no deja de ser una superstición, y hay millones de seres que han muerto por defenderla.

–Y los que morirán, moreno –dijo el socialista, al que bastaba afeitarle y quitarle toda la mugre que llevaba encima para descubrir que debajo era un señor muy correcto y normal.

–No irás a decirnos que tú crees en esas paparruchas.

–Que yo crea o no es lo de menos, pero es evidente que esas paparruchas arrastran multitudes porque siguen vigentes.

–Por poco tiempo –profetizó el comunista.

La noche que le tocó al socialista contar su vida, dio un verdadero mitin a sus compañeros. Hasta pidió que le pusieran al lado un vaso de agua, para completar su imagen de orador.

–Camaradas –comenzó–: la verdad es que yo he tenido mala suerte. Ya no me importa confesarlo, pues aunque quisiera no podría volverme atrás. La suerte, o mejor dicho la mala suerte, ya está echada. Y tendremos que seguir esta estúpida matanza hasta que uno de los dos bandos se dé por vencido. Creo también, como el camarada republicano, que fue un gravísimo error de la República cambiar el himno y la bandera. Porque en el fondo de todo revolucionario queda un poco de conservador que no es indiferente a los tópicos, a los símbolos y a las supersticiones que constituyen la idea de la patria. Yo mismo, que tampoco soy dudoso, no puedo evitar que el *Himno de Riego* me dé risa. Y considero que golpear la bandera hasta amoratarla brutalmente, fue un acto de vandalismo que no tiene justificación ni disculpa.

»Con nuestra torpeza, hemos regalado a los facciosos dos bazas importantes que pueden ser decisivas en el recuento de tantos final. En este país, mediterráneo y vehemente, hay que jugar muy bien todas las cartas si no se quiere perder la partida.

»Hablando de mí, puedo deciros que empecé siendo un socialista moderado, de corte escandinavo, con sombrero y corbata, con un concepto del socialismo muy correcto y europeo. Mi familia y yo estábamos en la línea de la socialdemocracia alemana, que no tenía nada de marxista, ni de leninista, ni mucho menos de maoísta. Poco a poco sin embargo, la moderación ideológica inicial se fue deteriorando. Empezamos por aflojarnos el nudo de la corbata, y acabamos en mangas de camisa, despechugados y vociferantes. El socialismo inicial, correcto y bien educado, ha perdido los modales y es ahora un marxismo soez, de vinazo y alpargata; de excursión dominguera con bandurria, botijo y tiorra descarada.

»En todas las ideologías son importantes los matices; pero sobre todo en el socialismo que es una doctrina amplia, que llega desde las orillas del Danubio a las márgenes del Volga. Tan socialista es un alemán como un ruso, y sin embargo las diferencias son abismales entre el socialismo germánico y el soviético.

»Desgraciadamente, el subdesarrollo español hace que nuestros socialistas sean más extremistas, y estén más cerca de los bolcheviques que de los teutones.

»La izquierda española es hosca, bronca y vengativa. Queremos acceder al Poder no para gobernar con mesura y justicia, sino para vengarnos de la derecha que nos sojuzgó durante muchos siglos. Nuestro programa es más bien negativo precisamente porque es vengativo.

–Perdona, camarada –le interrumpió el comunista

Flor–, pero queremos que nos cuentes tu vida y no que nos hables de tu ideología política.

–Mi vida –replicó el socialista– es muy sencilla . Siendo muy niño todavía, mis padres se fueron a vivir a Alemania porque ya entonces no había trabajo aquí. Hitler no existía, y al socialismo alemán aún no le habían antepuesto la nefasta calificación de «nacional».

»Mi padre encontró trabajo en una fábrica que producía piezas de maquinaria, pero nadie sabía qué clase de piezas ni a qué tipo de máquinas iban destinadas. Esto es corriente en Alemania, pues allí todo el mundo se especializa en un tipo de pieza determinado, y a nadie le importa ni le preocupa el lugar que ocupará la pieza hecha por él cuando la máquina esté terminada.

»La forma de trabajar en las fábricas es ésa: llega un obrero, y le enseñan a hacer una piececita de una forma concreta. Por ejemplo una especie de arandela con un agujerito, o una especie de cachiporra de acero con una muesca en la punta, o una especie de tronco de pirámide con una rosca en la base.

»–Produzca usted diariamente tantas piezas como éstas –se le ordena.

»El obrero hace en su cerebro un troquel de la pieza que le han encomendado, y comienza la producción sin hacer más preguntas ni indagar la posible utilidad de la pieza que debe fabricar.

»A mi padre le encargaron que produjera una pieza que consistía en un tubito de acero perforado, con un orificio de pocos milímetros, y pare usted de contar. Como buen español era también fisgón, y preguntó que para qué iba a servir aquella pieza tubular y canutiforme.

»–¿Y a usted qué coño le importa? –le respondieron secamente.

»–Pues tiene usted razón –admitió mi padre–: ¿a mí qué coño me importa?

»Y encogiéndose de hombros, se puso a fabricar tubitos perforados por un orificio con estrías.

»Tampoco sus compañeros sabían el destino que tendrían las otras piezas que ellos fabricaban; pero ellos, como buenos alemanes, las hacían sin sentir ni la más mínima curiosidad.

»Durante varios años, todas las fábricas alemanas estuvieron trabajando en este plan, produciendo piezas sueltas que nadie sabía a qué máquinas pertenecían. Mientras tanto Adolfo Hitler había llegado al Poder, y las fábricas continuaron trabajando al mismo ritmo y en el mismo plan.

»A mediados del año mil novecientos treinta y cinco, cuando la política de expansión alemana estaba llevando al mundo al borde de una nueva guerra mundial, se dio la orden a las fábricas de que montaran todas las piezas sueltas que habían estado fabricando a lo largo de todos aquellos años.

»Mi padre supo entonces que el tubito de acero con orificio estriado que había producido, era en realidad el cañón de un máuser cuyas piezas restantes se producían en distintas fábricas. En otras, por el mismo sistema del despiezamiento, se produjeron ametralladoras, morteros, cañones, tanques y aviones.

»De manera que en un abrir y cerrar de ojos, la Alemania desarmada y castigada por el tratado de Versalles, se convirtió en una potencia temible armada hasta los dientes. Por el inocente sistema de las piezas sueltas. Sin que la Sociedad de Naciones pudiera sospechar nada.

»Cuando mi padre se enteró de que, sin saberlo, había estado fabricando fusiles para los nazis, le dió un patatús a consecuencia del cual me quedé huérfano.

»Pocos años antes de que aquella Wehrmacht potentísima se lance a invadir Europa, con unas armas montadas en un momento ante la sorpresa universal, me vine a España a seguir siendo socialista; pero sin el aditivo de «nacional».

PEDAZO 18

El anarquista, al que el capitán odiaba porque se negaba a acatar la disciplina que él trataba de imponer, estuvo a punto de meternos en un buen fregado. Con su manía de hacer la guerra por su cuenta, sin hacer caso de ninguna autoridad ni pedir permiso a nadie, se asomó una mañana a una ventana y empezó a disparar contra el enemigo. Así, por las buenas.

El enemigo, que estaba tan tranquilo tomando el sol y despiojándose, se llevó un susto morrocotudo pues no se esperaba aquel fuego de hostigamiento. Y comenzó a contestar primero desabridamente, luego con más furia a medida que se iba calentando.

Y lo que empezó siendo un tiroteo suelto, fue convirtiéndose poco a poco en una batalla generalizada. A los «nacionales» o «facciosos» según se mire, se les fueron hinchando gradualmente las narices. Y la hinchazón recorrió todo el frente central, como un reguero de pólvora o una traca valenciana.

–¡Mira la que has organizado, chalado! –le reprochó el capitán al anarquista, ya que tenía que limitarse a gritarle puesto que no podía arrestarle.

–Me aburría –se encogió de hombros el anarquista–, y me asomé a pegar unos tiros para distraerme.

–Podías habérselos pegado a tu padre –rezongó el capitán–. Porque por culpa de tus tiritos de mierda, se ha desencadenado una ofensiva de tres pares de cojones.

El enemigo, en efecto, calentado por el sol primaveral y por el hostigamiento del anarquista, alcanzó la temperatura propicia para lanzar un ataque en todos los frentes. Un solo chispazo basta a veces para prender la mecha que provocará la explosión catastrófica. Y aunque en nuestro sector las posiciones no se modificaron, en otros sectores en cambio el enemigo realizó avances notables.

Se notaba que las cosas para el bando republicano no iban bien, porque cada día comíamos peor. El barómetro infalible de todas las guerras, es el funcionamiento de la intendencia. Dime cómo comes, y te diré quién ganará. No son los testículos los que sostienen el coraje de una tropa, sino su estómago. La munición estomacal es tan importante como la de los fusiles y cañones.

Y el caso es que víveres no faltaban en la zona republicana, pero lo malo es que no había nadie capaz de organizar el reparto. Una guerra puede perderse si el rancho no llega a su hora a las posiciones más avanzadas. Y aunque la moral de las tropas seguía siendo excelente, no hay morales que resistan mucho tiempo una dieta prolongada.

Salvo por las periódicas intervenciones del anarquista que hostigaba por su cuenta al enemigo, llegando en ocasiones a cabrearle más de la cuenta, el sector era tranquilo y relajante. Tan relajante que el Alto Mando lo utilizaba para mandar a él a las tropas que necesitaban descanso. Era como si dijéramos un sector-sanatorio, pues además de la paz casi garantizada, tenía la ventaja de los aires serranos puros que se respiraban en él.

Aquella paz del sector desesperaba al capitán porque no le permitía lucirse organizando contraataques y acciones de defensa, que es lo que más les divierte a los militares. Porque en el fondo los militares son como niños, que disfrutan de lo lindo jugando a la guerra.

Las malas lenguas decían que el capitán, bajo cuerda, le daba propinas al anarquista para que provocase al enemigo y le obligara a entrar en combate. Pero esta acusación no pasó de ser un bulo que nunca pudo probarse.

Las malas lenguas aseguraban haber sorprendido conversaciones en voz baja entre el capitán y el anarquista, en la que aquél le decía a éste:

–Vamos, hombre: hostígame un poco a esos cabrones, a ver si se arrancan y embisten.

–¿Qué me puede suponer conseguir esa embestida?

–Si consigues que se arranquen y que yo pueda lucirme rechazando su ataque, para lo cual debe ser un ataque flojito, te propondré para que te concedan una medalla al valor.

–¡Amos, quita! –rechazaba el anarquista–. A mí déjame de chatarra. Ya sabes por dónde nos pasamos las condecoraciones los anarquistas. A mí, ya lo sabes también: o pasta, o basta. No hablemos más.

El capitán entonces le hacía una oferta en metálico, y según la oferta así era su hostigamiento: por cuarenta duros, el anarquista provocaba una escaramuza; y por quinientas pesetas, una pequeña batalla campal. Ambas operaciones de mucho lucimiento, que era lo que le convenía al capitán. Porque Perales quería a toda costa aprovechar la guerra para ascender. Del mismo modo que al principio fue ascendido de un modo espectacular desde el grado de sargento al de capitán, deseaba no perder comba y seguir ascendiendo meteóricamente hasta terminar la guerra de general.

Pero para eso necesitaba un frente más movidito, en el que poder realizar acciones meritorias que le valieran los ascensos que aún le faltaban para acceder al generalato.

257

–¡Bah! –le despreciaba el republicano, que era pesimista de por sí–. Buena gana de molestarte en ascender a general para que luego, si ganan los facciosos, te desciendan a soldado raso.

Perales no le hacía caso, porque pensaba secretamente que en el supuesto de que la contienda tuviera por vencedor a Franco, los militares como él se quedarían en el futuro ejército nacional previa convalidación de sus conocimientos logísticos y estratégicos. (También creyó, cuando aún era sargento, aquella célebre frase de Napoleón: «Todos los sargentos llevan en la mochila un bastón de mariscal.» Y aquel mismo día devolvió su mochila al almacén de intendencia, alegando que no contenía el prometido bastoncito.)

El comisario Pericovich, en vista de lo mal que iban las cosas aunque nosotros no nos enteráramos, recibió la misma orden que habían recibido todos los comisarios políticos soviéticos. Una orden que, traducida del ruso, decía más o menos esto:

Tovarich:

Es un hecho innegable, a la vista de todos los mapas, que los rebeldes ocupan en la actualidad bastante más de la mitad de todo el territorio español. Es evidente que desde la iniciación de la lucha, el enemigo ha logrado avances muy positivos. Estudiados estos avances por el Alto Estado Mayor, se ha llegado a la conclusión siguiente: no es su preparación militar la que conduce al enemigo a estas victorias, sino su fanatismo tanto religioso como político.

No hay un medio mejor de frenar esta ofensiva que la utilización de armas idénticas. Se impone por lo tanto una·fanatización del sector del país que aún está en nuestras manos.

Sólo fanatizando nuestra zona como ellos han fanatizado la suya, lograremos mejorar la combatividad de nuestros combatientes. Cuando un ejército alcanza el título de fanático, puede pedírsele que luche hasta morir sin retroceder. Pueden pedírsele también avances heroicos y espectaculares, que son los que necesitamos con la máxima urgencia.

Reúne por lo tanto a los hombres que tengas a tus órdenes, y dales lecciones de fanatización. Explícales los ideales por los que luchamos, embelleciéndolos con tus dotes oratorias. No hace falta explicarte cómo tienes que hacerlo, pues ya demostraste tu talento para la propaganda al ser elegido comisario político. Te recordamos únicamente que con las ideas liberales y modernas, te será más difícil conseguir fanáticos que con las religiosas y medievales. Es más fácil fanatizar a un ateo para que muera por su no-Dios. Las supersticiones religiosas son grandes creadoras de fanatismos. Ingéniatelas para que parezcan mayores aún. Tienes que procurar, aunque no te será fácil, que Marx parezca tan grande como Cristo, y Lenin tan inspirado como el Espíritu Santo. Hay que nivelar a toda costa la balanza del fanatismo, que se inclina peligrosamente del lado fascista.

¿Querrás creer, tovarich, que hay «mañicos» –o sea españoles de Aragón– que son capaces de morir por una superstición tan deleznable y discutible como es la presunta Virgen del Pilar? Pues sí, señor: por esa presunta Virgen, a la que llaman familiarmente «Pilarica», mueren como moscas mocetones como robles. Y hay navarros a los que las balas no pueden herir, o por lo menos eso creen ellos, sólo porque llevan un pequeño Sagrado Corazón cosido en un cacho de felpa, con la inscripción: «¡DETÉNTE, BALA!»

Se supone que habrá balas republicanas lo bastante memas que, sugestionadas por esta orden, se detendrán.

Hay que hacer un esfuerzo serio y considerable para combatir a estos fanáticos con sus mismas armas. De lo contrario perderemos esta guerra, y Negrín podrá justificar su derrota parafraseando a Felipe II:

«Yo mandé a mis hombres a luchar contra los facciosos, y no contra todos los Santos de la corte celestial.»

El comisario Pericovich se apresuró a obedecer la circular enviada por el Alto Mando, y convocó clase de fanatismo para el día siguiente. Mis padres también asistían, en parte por hacer bulto y en parte también porque se aburrían metidos en su casa que la guerra había convertido en una posición bastante incómoda.

Pero desde el primer día se vio que la tarea del comisario iba a ser prácticamente imposible, porque a los ídolos marxistas les faltaba el elemento sobrenatural, que es indispensable para desencadenar el fanatismo. No obstante, Pericovich intentó mitificar a Marx que, además de tener el encanto de ser extranjero, tenía una hermosa barba que resultaba muy apostólica. Y ya se sabe que la gente se inclina siempre a dar más categoría a los ideólogos barbudos que a los afeitaditos, pues estos últimos tienen el aire un poco cargante de los ejecutivos tecnócratas.

Apenas iniciadas estas sesiones de fanatización, el enemigo comenzó a hostigar lo poco que quedaba del merendero, obligando a sus defensores a permanecer en sus puestos de combate contestando al fuego. Sin duda los «fascistas» temían que los «rojos» se fanatizasen, y para evitar las lecciones de fanatización mantenían el fuego de hostigamiento.

Hasta que una mañana, cuando mi madre se levantó a preparar el desayuno para toda la tropa, se llevó un susto morrocotudo: la posición había sido abandonada por sus defensores. O sea que en el merendero no quedaba ni un solo guripa.

El capitán, seguido por todos los hombres que formaban el pelotón, había salido huyendo. Lo de la huida fue una deducción hecha por mi padre, que encontró todas las armas que hasta entonces habían usado los milicianos, y también sus uniformes. Dedujo por lo tanto que aquel pelotón no se había replegado hacia nuevas posiciones, sino que había abandonado la guerra tomando las de Villadiego. Dedujo también que en la radio que oía el capitán habían dicho que la guerra estaba perdida y que se salvara quien pudiera; cosa que todos se apresuraron a hacer sin esperar al día siguiente. Otra emisora en cambio pedía a las tropas republicanas que resistieran hasta la muerte, como en Numancia, pero la verdad es que no quedaba nadie con espíritu numantino.

De manera que todo el mundo se largaba en plan desbandada, mientras los «nacionales» se afeitaban para desfilar hacia los últimos objetivos.

De la guerra ya sólo quedaba una colilla, prácticamente infumable.

PEDAZO 19

Ganaron, como estaba previsto, no los más valientes –que valientes eran todos–, sino los más duchos en el arte de guerrear. Suponiendo, claro está, que la guerra sea una actividad artística.

Se reconocía a los vencedores sólo por el brillo de sus ojos, pues mierda encima tenían tanta como los perdedores. Lo cual se presta a una serie de chorradas filosóficas, que dejo a disposición del que quiera hacerlas.

Llegó el día que todos sin excepción llamaban «de la Victoria», porque en este mundo de salvajes no deja de ser una victoria para todos que una guerra se termine.

Con la desaparición de la tropa republicana, que se esfumó una mañana de primavera sin dejar ni rastro, la paz empezó para nosotros.

Mi padre, para resumir esos casi tres años de guerra que acababan de pasar, lanzó un profundo suspiro al tiempo que pronunciaba esta frase lapidaria:

–¡Hay que joderse!

Y empuñando una escoba, se puso a barrer todos los escombros que había dejado el paso de las soldadescas sucesivas. Entre los escombros apareció el letrero que tres años antes había anunciado el merendero. Y mi padre lo colgó encima de lo que quedaba de la puerta, que no era mucho, como queriendo decir: aquí no ha pasado nada.

Lo empecé en Leningrado. Lo acabé en Marbella. 1979.

Índice

OBRAS DE ÁLVARO DE LAIGLESIA PUBLICADAS EN ESTA COLECCIÓN

En preparación: